AF153101

**BASTEI
LÜBBE**
TASCHENBUCH

Über die Autorin:

Kirsten Grieshaber arbeitet als Deutschlandkorrespondentin bei der internationalen Nachrichtenagentur Associated Press. Vorher hat sie als freie Journalistin für THE NEW YORK TIMES, DIE ZEIT und die TAZ geschrieben. Ihren israelischen Mann hat sie während ihres Studiums an der Journalistenschule der Columbia University in New York kennengelernt. Mittlerweile leben sie in Berlin, haben zwei Kinder und ein israelisches Restaurant.

KIRSTEN GRIESHABER

WILLKOMMEN IM CAFÉ ZAHAV

Meine israelische
Mischpoke und ich

BASTEI
LÜBBE
TASCHENBUCH

BASTEI LÜBBE TASCHENBUCH
Band 61023

Zur Wahrung der Rechte von Personen wurden einige
Namen, Orte und Details geändert

Dieser Titel ist auch als E-Book erschienen

Originalausgabe

Copyright © 2019 by Bastei Lübbe AG, Köln
Textredaktion: Artur Senger, Köln
Titelillustration: © getty-images/Eastnine Inc. | © FinePic/shutterstock (4)
Umschlaggestaltung: ZERO Werbeagentur, München
Satz: hanseatenSatz-bremen, Bremen
Gesetzt aus der Walbaum Std BQ
ISBN 978-3-404-61023-5

Sie finden uns im Internet unter
www.luebbe.de
Bitte beachten Sie auch: www.lesejury.de

Für meine Familie

Inhaltsverzeichnis

1. Der konvertierungstolle Rabbiner

Es ist ein früher Herbstabend im Zahav, dem israelischen Restaurant meines Mannes in Berlin-Mitte. Draußen rattert eine Straßenbahn vorbei, es dämmert schon. Drinnen strahlt das Licht der bunten Kerzen, die auf den weißen Holztischen stehen. Der Ansturm der Abendgäste hat noch nicht begonnen. Ein junges Paar sitzt auf einer Bank am Fenster und unterhält sich leise. Die beiden haben frischen Minztee bestellt und löffeln gemeinsam ein Eis mit Dattelhonig und gehackten Pistazien. Die Wände des Ladenlokals sind dicht behängt mit Bildern aus Israel. Betende Männer an der Klagemauer. Marktschreier hinter Fässern voll bunter Oliven. Badende Touristen im Toten Meer. In der rechten hinteren Ecke des Restaurants hängt ein langes Holzregal mit hebräischen Büchern. Neben einer Schwingtür, die den Gastbereich vom Vorratsraum abtrennt, stapeln sich Kisten mit dunkelroten Granatäpfeln, rechts davon geht es in die Küche. Es duftet nach gerösteten Auberginen und frisch gekochten Kichererbsen.

Mein Mann Eran und ich teilen uns gerade einen Teller warmen Hummus mit Pinienkernen, als die Tür aufgeht und ein alter Mann eintritt. Er sieht aus wie ein Rabbiner aus einem Märchen. Sein gebeugter Körper ist in einen schwarzen Mantel gehüllt, eine dunkelblaue, goldbestickte Samtkippa lugt seitlich unter einem Hut mit breiter Krempe hervor. Ein langer, weißer Bart umrahmt das hagere Gesicht, die grauen Schläfenlocken hat er hinters Ohr geklemmt. Der Mann schüttelt laut eine blecherne Sammelbüchse, als versuche er, mit dem Münzgerassel die hymnischen Rhythmen der israelischen Rock-Songs zu übertönen, die aus einem CD-Player hinten in der Küche erklingen. Offensichtlich will er Spenden sammeln für einen guten, jüdischen Zweck. Doch dann bleibt sein Blick an Eran hängen. Misstrauisch mustert er meinen Mann mit seinem kahlrasierten Kopf, der braunen Haut und den warmen, honigfarbenen Augen. Obwohl es draußen schon unangenehm kühl ist, trägt er nur ein T-Shirt, beige Cargo-Shorts und Sandalen, als ob er mit diesem trotzigen Aufzug die Ankunft des Winters verhindern könne.

Auf Erans Schoß wippt unser kleiner Sohn Ari und nuckelt zufrieden an seinem blauen Lieblingsschnuller. Unsere vierjährige Tochter Miri sitzt daneben und malt. Ihre dunkelbraunen, seidigen Haare sind zu zwei Zöpfchen geflochten, sie summt selbstvergessen Kindergartenlieder vor sich hin. Den mysteriösen Mann in seinem mittelalterlich wirkenden Gewand hat sie überhaupt nicht bemerkt.

Der forschende Blick des alten Mannes gleitet von Eran und Ari mit seinen blonden Babylöckchen weiter hinüber zu Miri und mir. Auf Hebräisch, vermengt mit ein paar Brocken Deutsch, fragt er Eran, ob Ari sein Sohn sei. Dann weist er mit einer Kopfbewegung zu mir, typisch deutsch mit blonden Haaren und blauen Augen, und will wissen, ob ich die dazugehörige Frau und Mutter sei. Eran bejaht.

»Ist sie Jüdin?«, fragt der Alte.

»Lo«, verneint Eran knapp auf Hebräisch.

Der Alte runzelt die Stirn und betrachtet unsere Familie mit unverhohlenem Widerwillen. Es gefällt ihm ganz offensichtlich nicht, dass Eran mit einer Schickse, so die abwertende Bezeichnung einer Nichtjüdin, verheiratet ist. Er überlegt einen Moment und dreht dabei seine linke Schläfenlocke um den Zeigefinger. Dann erklärt er, dass er Rabbiner sei, und macht meinem Mann ein »unkoscheres« Angebot: In unserem Fall könne er eine Ausnahme machen, die sonst so strengen Übertrittsregeln zum Judentum ignorieren und mich auf der Stelle mit ein paar ausgewählten Segenssprüchen konvertieren.

Ich bin sprachlos. Hier wird über meine Religionszugehörigkeit verhandelt, und keiner fragt, was ich von einem Spontanübertritt zum Judentum halte.

Eran guckt den Rabbi konsterniert an und lehnt dankend ab. So leicht gibt sich dieser aber nicht geschlagen. Im Gegenteil, er fängt an, so schnell auf Eran in Hebräisch einzureden, dass ich kein Wort mehr verstehe. Eindringlich schwingt er seinen Zeigefinger erst in meine Richtung und deutet dann aufgeregt auf unsere Kinder, als sei drohendes Unheil im Verzug. Immer näher rückt er an Eran heran und scheppert dabei so laut mit seiner Blechdose, dass sogar das Pärchen am Fenster verstummt, die Teegläser abstellt und zu uns hinüberstarrt. Solch ein Spektakel bekommt man in Berlin nicht alle Tage geboten.

Selbst Miri guckt erstaunt hoch von ihren Malereien und wundert sich über den Schlamassel. Dem Rabbiner ist das egal. Eran aber nicht. Er ist eigentlich ein sehr geduldiger Mensch und hat zunächst versucht, die Heilsreden des alten Mannes zu ignorieren. Doch als er merkt, dass sogar seine Kunden anfangen, über uns zu tuscheln, wird es ihm zu viel. Abrupt drückt er mir Ari in die Arme, steht auf und bemüht sich nicht länger, seine Fassung zu bewahren.

»Maspiek. Achschav«, herrscht er den Rabbi an, Schluss damit. Und zwar sofort. Eran ist mindestens einen Kopf größer als der Rabbiner, und seine Schultern sind bestimmt doppelt so breit. Er baut sich vor dem Rabbi auf, verschränkt ärgerlich die Arme vor seinem Bauch und guckt den alten Mann wütend an. Normalerweise kann er mit dieser Drohgebärde sein Gegenüber schnell zum Verstummen bringen. Doch dem Rabbiner geht es offensichtlich darum, unsere Seelen zu retten – streng genommen ein urchristliches Gebaren, denn Juden missionieren nicht. Eigentlich.

Der Rabbi kann einfach nicht akzeptieren, dass wir keine »rein jüdische« Familie sind, und will Ordnung schaffen in unserer kleinen, bunten Welt. Ordnung in seinem Sinne. Und er ist verdammt hartnäckig. Er drängt sich an Eran vorbei, stellt sich vor mich und beginnt mit monotoner Stimme auf Hebräisch zu singen. Dabei scheppert er aggressiv seine Sammelbüchse. Aufgebracht beschimpft Eran den Rabbiner im übelsten israelischen Gossen-Slang, während dieser unbeirrt weitersingt. Eran schimpft und der Rabbi singt, immer lauter und immer fanatischer. Inzischen hat er sich wieder meinem Mann zugewandt. Wütend stehen sich nun die beiden Männer gegenüber und werden immer lauter.

Erst als Eran die Tür weit öffnet, den immer noch gestikulierenden Mann am Mantelkragen packt und Richtung Ausgang zieht, gibt der Rabbi endlich klein bei. Er murmelt noch einen letzten Segensspruch, verlässt widerwillig unser Restaurant und verschwindet mit wehendem Gewand in der Dunkelheit.

Das Judentum ist, wie schon erwähnt, eigentlich eine nicht-missionarische Religion und macht es Konversionswilligen äußerst schwer, zum jüdischen Glauben überzutreten. Mit einer Ausnahme: Nichtjüdische Frauen werden von der Familie des jüdischen Mannes oft zum Übertritt gedrängt, wenn sich abzeichnet, dass die Beziehung ernsthafter ist. Denn nur wenn die Frau jüdisch ist, sind auch die gemeinsamen Kinder jüdisch. Der Vater allein kann seine Jüdischkeit nicht an die Kinder vererben. Zwar sprechen manche progressiven Juden von den sogenannten »Vaterjuden«, aber wirklich anerkannt sind diese Kinder innerhalb der jüdischen Community nicht. Die fehlende Jüdischkeit der Mutter ist ein immenses Manko, das nur überwunden werden kann, indem die Vaterjudenkinder selbst konvertieren. Nur dann werden sie von der Mehrheit der Juden vollwertig als ihresgleichen angenommen.

Im normalen Fall dauert die Konversion zum Judentum mehrere Jahre. Übertrittswillige werden vom Rabbiner mehr als einmal nach Hause geschickt, um zu sehen, ob ihnen der Übertritt tatsächlich so wichtig ist, dass sie auch nach wiederholten Ablehnungen nicht aufgeben. Sie müssen Hebräisch lernen, die Thora studieren, die Mitzwot, also die jüdischen Vorschriften, auswendig lernen und die strengen Speisegesetze, die Kaschrut, einhalten.

Vielen nichtjüdischen Ehefrauen und Kindern von jüdischen Männern wird der Übertritt allerdings etwas leichter als anderen gemacht, denn nebst angestrebtem monoreligiösem Familienfrieden, spielen auch simple demografische Erwägungen eine Rolle. Christlich-jüdische Mischehen in den USA, die seit Jahrtausenden andauernde Verfolgung und der Holocaust haben die Zahl der Juden so dezimiert, dass sich die Gemeinden über jeden zusätzlichen Juden freuen.

Für mich war der Übertritt zum Judentum eigentlich nie ein Thema. Ich hatte, bis ich Eran kennenlernte, ein erfülltes Leben als ungetauftes Heidenkind katholischer Eltern im Rheinland gelebt und konnte mir gut vorstellen, dies auch weiterhin so zu tun. Wir feierten bei uns zu Hause zwar Weihnachten und Ostern mit allem Brimborium, aber ansonsten spielte der Glaube in unserer Familie keine große Rolle. Mein Vater war als Nachkriegskind in einem kleinen bayerischen Dorf aufgewachsen. Sonntags war die Gemeinde geschlossen zur katholischen Messe in die Kirche gegangen. Im barocken Hauptschiff liegt ein über und über mit Diamanten und Gold behängtes Skelett von einem mir unbekannten Märtyrer, das ich bei unseren seltenen Besuchen dort immer mit angenehmem Grusel betrachte. Mein Vater und seine Eltern zogen, als er sechs Jahre alt war, nach Heidelberg um, aber er verbrachte weiterhin alle Schulferien in Bayern bei seiner Großmutter. In Heidelberg bekam er während seiner Schulzeit viel Unterstützung von katholischen Priestern, die seinen Wissensdurst mit Erklärungen und Büchern stillten, die es zu Hause nicht gab. Als Meeresbiologe hatte er während seiner Arbeit nicht viel mit Religion zu tun, aber er war der Kirche gegenüber immer wohlwollend eingestellt und dankbar für die Hilfe, die er in seiner Jugend bekommen hatte. Darüber hinaus betrachtete mein Vater Religion als seine Privatangelegenheit.

Meine Mutter war das Kind einer »Mischehe«. Ihre Mutter war evangelisch, ihr Vater katholisch. Als die beiden 1938 heirateten, war das ein solcher Skandal, dass die Mutter meines Großvaters der Hochzeit fernblieb. Außerdem musste meine Oma schwören, dass sie ihre Kinder im katholischen Glauben erziehen würde. Das hatte zur Folge, dass meine Mutter ein von katholischen Nonnen geführtes Gymnasium in Hessen besuchen musste und über die Jahre einen regelrechten Widerwillen gegen die Kirche entwickelte. Regelmäßig fiel sie beim Schulgottesdienst wegen des beißenden Weihrauchgeruchs in Ohnmacht, aber trotzdem wurde sie jede Woche aufs Neue genötigt, an der Messe teilzunehmen. Wenn sie meine jüngere Schwester Friederike und mich als Kinder zum Lachen bringen wollte, erzählte sie uns Geschichten über ihre Klassenlehrerin, eine alte Nonne, die so schamhaft war, dass sie beim Umziehen sogar den Vogelkäfig ihres Papageis verhängte, damit der keinen Blick auf ihren jungfräulichen Körper erhaschen konnte.

In der Grundschule hänselten mich die anderen Kinder manchmal, weil meine Eltern, die beide Naturwissenschaftler sind, nur standesamtlich geheiratet hatten. Wir besaßen noch nicht einmal eine Bibel im Haus, und ich war stets das einzig ungetaufte Kind in der Klasse.

»Wir können uns jeden Namen für dich aussuchen, den wir wollen. Du bist nicht getauft und hast deswegen nie einen richtigen Vornamen bekommen«, ärgerten mich die anderen Schüler mit kindlicher Fiesheit und jagten mich über den Pausenhof. Als ich meiner Mutter davon zu Hause erzählte, ging sie am nächsten Tag zu meiner Klassenlehrerin und beschwerte sich. Von da an hatten die Hänseleien ein Ende.

Als Jugendliche rebellierte ich gegen das vermeintliche Establishment, und Religion war für mich nichts weiter als Opium fürs Volk und Kriegsrechtfertigung seit Ewigkeiten. Meine ablehnende Einstellung gegenüber Gottesgläubigkeit und Frömmigkeit änderte sich erst, als ich während meines Journalistikstudiums an der Columbia University ein Seminar über »religious reporting« belegte. Monatelang begleitete ich die unterschiedlichsten religiösen Gruppierungen in der Einwanderermetropole. Ich befragte die Menschen zu ihrem Glauben, schrieb über hinduistische Diwali-Feiern, beobachtete Mormonen beim Tür-zu-Tür-Missionieren und wurde zum muslimischen Zuckerfest eingeladen. Die verschiedenen Rituale und Glaubensrichtungen faszinierten mich, wenngleich auch eher aus journalistischer Neugierde als aus religiöser Überzeugung.

Eran war als Kind in Israel traditionell, aber nicht überaus religiös aufgewachsen. Die Eltern luden jeden Freitagabend Verwandte und Freunde zu einem großen Schabbat-Essen ein, bei dem gebetet und gesungen wurde. Sie gingen regelmäßig in die Synagoge und aßen weder Schweinefleisch noch andere unkoschere Lebensmittel, aber mit dem Fahrverbot am Schabbat nahmen sie es nicht so genau und unternahmen am Samstag gerne Ausflüge mit Kind und Kegel nach Jerusalem. Es war ihnen wichtig, dass Eran und seine vier Schwestern alle Regeln des Judentums kannten, aber sie übten keinen Druck auf sie aus, diese auch immer einzuhalten.

Eran selbst ist ein gläubiger Mensch, aber gleichzeitig sehr tolerant gegenüber anderen. So deutete er zwar am

Anfang unserer Beziehung ein paarmal an, dass er sich freuen würde, wenn ich übertreten würde, akzeptierte aber, dass ich das nicht wollte. Mit der Zeit gewöhnte er sich daran, dass seine Freundin eine Schickse oder Goya, also eine Nichtjüdin war.

Erans Mutter Dana war zunächst nicht begeistert, als ihr Sohn erzählte, dass seine neue Freundin keine Jüdin sei. Vermutlich hoffte sie, dass ich mich irgendwann in die lange Reihe seiner Exfreundinnen einreihen würde. Als dies nicht geschah, war es schließlich Erans jüngste Schwester Lior, die Dana den Kopf wusch.

»Siehst du denn nicht, wie glücklich Eran mit Kirsten ist?«, fragte sie ihre Mutter. »Was ist dir wichtiger, ein glücklicher Sohn mit einer guten Frau, die nicht jüdisch ist, oder ein unglücklicher Sohn mit einer schlechten Frau, die jüdisch ist?«

»Ein glücklicher Sohn mit einer guten, jüdischen Frau wäre mir am liebsten«, antwortete Dana. Aber nachdem sie sich erst einmal an den Gedanken einer Schickse als Schwiegertochter gewöhnt hatte, warf sie ihre Vorurteile über Bord und liebte mich so sehr wie ihre eigenen Töchter.

Nicht so allerdings Erans Schwester Yael. Sie war nach der Geburt ihrer zweiten Tochter länger krank gewesen und hatte nach ihrer Genesung zu Gott gefunden. Zusammen mit ihrem Mann und den Kindern zog sie in die Nähe eines fundamentalistischen Rabbiners ins nordisraelische Safed. Dort lebt die Familie ein strikt religiöses Leben. Ihre fünf Kinder gehen auf religiöse Schulen, keusch getrennt nach Geschlechtern. Die Jungen tragen immer Kippa, die Mädchen stets weite Röcke und langärmlige Blusen. Es wird ständig gebetet, gibt nur koscheres Essen, und am Schabbat wird weder gearbeitet noch Auto gefahren. Man bleibt unter sich. Freundschaften zu Menschen außerhalb der orthodoxen Community gibt es nur selten und schon gar nicht zu Goyim, wie die Nichtjuden abwertend genannt werden.

Ich habe Erans Schwester Yael nur ein einziges Mal getroffen. Bei unserer ersten gemeinsamen Reise nach Israel fuhren wir als Überraschungsbesuch bei ihr vorbei. Hätten wir uns vorher angemeldet, wären wir wahrscheinlich gar nicht erst empfangen worden. Zum kleinen Haus von Yael und ihrem Mann Yehuda gehörte eine Autowerkstatt und ein großer Hof, auf dem ein paar Hühner herumspazierten und alte Dreiräder im Gras herumlagen. Yehuda, der als Kind aus Argentinien eingewandert war, hatte eigentlich Maschinenbau studiert. Aber nachdem erst seine Frau und dann er religiös geworden waren, hat er seinen Ingenieursjob aufgegeben und seither nur noch als Mechaniker gearbeitet. Die meiste Zeit war er mit religiösen Studien beschäftigt.

Yael, eine hagere Frau mit einem turbanähnlichen Kopftuch und knöchellangen, weiten Gewändern in gedeckten Farben, wirkte streng und lachte selten. Dafür ermahnte sie ständig ihre beiden kleinen Söhne, die Kippot wieder aufzusetzen, wenn sie ihnen beim Spielen vom Kopf fielen.

Wir bekamen Tee und ein paar Nüsse vorgesetzt, die Kinder schauten mich scheu an, als käme ich von einem anderen Stern. Eine Frau mit Tanktop und kurzen Hosen, die noch dazu kein Hebräisch sprach, hatten sie noch nie gesehen. Bei jeder Nuss, die die Kinder aßen, mussten sie ein kurzes Dankesgebet murmeln. Yael hielt uns zwei Stunden lang religiöse Vorträge mit einem fanatischen Glühen in den Augen. Ich verstand kaum etwas von dem, was sie sagte, denn Eran machte sich nicht die Mühe, mir ihre Monologe zu übersetzen. Und Yael weigerte sich, auf Englisch mit mir zu sprechen, obwohl sie der Sprache mächtig war.

Ein Jahr nach unserem Treffen mit Yael machten Eran, seine Schwester Lior, Mutter Dana und ich zusammen eine Woche Urlaub in Eilat, einem Badeort am Roten Meer im Süden Israels. Als wir abends gemeinsam auf der Hotelterrasse saßen und die Palmensilhouetten in der Dämmerung bewunderten, berichtete uns Dana von ihrem letzten Gespräch mit Yael. Diese hatte die Mutter beauftragt, uns auszurichten, dass sie jeglichen Kontakt mit Eran abbrechen würde, wenn er »seine Schickse« heiraten würde.

»Yael sagt, dass sie Kirsten nicht mal dann akzeptieren würde, wenn sie nur wegen dir, Eran, zum Judentum überträte«, teilte uns Dana sichtlich bedrückt mit. »Sie will in Zukunft nur dann etwas mit euch zu tun haben, wenn Kirsten aus purer Liebe zu Gott zum Judentum konvertiert.«

Ich war schockiert, und auch Eran wirkte betroffen, sagte aber nichts. Er musste die Nachricht erst einmal verdauen. Ich hatte mich noch nie in meinem Leben so zurückgestoßen gefühlt. Dass man mich wegen meiner Herkunft und Andersartigkeit diskriminierte, war für mich eine ganz neue Erfahrung. Ich hatte ein Würgen im Hals und fühlte mich ungerecht behandelt. Ich hatte doch nichts gemacht. Warum konnte mich Erans Schwester nicht einfach so akzeptieren, wie auch ich sie akzeptierte mit ihrer ganzen, mir fremden Religiosität? Erschüttert fing ich an zu weinen, während Eran und seine Mutter stumm neben mir saßen. Lior tröstete mich. Sie war Atheistin und fand die religiösen Ansichten ihrer älteren Schwester unerträglich. Yael hatte Lior bei einem ihrer letzten Treffen ins Gesicht gesagt, dass sie noch keinen Mann gefunden habe, sei eine Strafe Gottes dafür, dass sie sich vom Judentum abgewandt habe. Und der Mutter hatte sie vorgehalten, sie würde nicht genug für das Seelenheil ihrer jüngsten Tochter beten. Lior war seitdem stinksauer auf ihre große Schwester, und die beiden sprachen kaum noch miteinander. Wenn doch, gab jedes Mal nur Streit und Tränen.

Mit ihrem Erpressungsversuch bewirkte Erans Schwester das genaue Gegenteil bei mir. Wütend über diese Diskriminierung, wurde mir mein Säkularismus wichtiger als je zuvor. Hätte ich jemals einen Übertritt in Erwägung gezogen, dann hatte Yael nun dafür gesorgt, dass dieser garantiert nicht stattfinden würde.

Mutter Dana war niedergeschmettert, denn wegen Yaels Fanatismus zog sich fortan ein Riss durch die Familie. Es war ihr nicht mehr möglich, die ganze Familie am Schabbat-Abend zu Hause um den Tisch zu versammeln. Wenn Eran und ich bei ihr waren, weigerte sich Yael mit ihrer Familie zu kommen.

Irgendwann war die Mutter so verzweifelt, dass sie nach Safed fuhr, um persönlich mit Yaels Rabbi zu sprechen. Er hatte Yael schließlich gesagt, dass sie den Kontakt zu uns abbrechen müsse. Dana, Eran und Lior waren davon überzeugt, dass er Yael und Yehuda einer regelrechten Gehirnwäsche unterzogen hatte, nachdem sie sich seiner Gemeinde in Safed angeschlossen hatten. Der Rabbiner empfing Dana zwar, aber er war unerbittlich. Dana flehte ihn an, warf ihm vor, dass er ihre Familie zerstöre, und wurde schließlich so wütend, dass sie sogar anfing, ihm zu drohen.

»Wenn du Yael nicht dazu bringst, meinen Sohn und seine Freundin zu akzeptieren, dann werde ich zum Islam übertreten«, schrie sie ihn an.

Das war die schlimmste Androhung, die Dana sich ausdenken konnte, denn ihre Beziehung zu Muslimen war mehr als kompliziert. Als Kind war sie im Iran aufgewachsen und immer von den Lehrern geschlagen worden, wenn sie die Suren des Koran im Unterricht nicht auswendig rezitieren konnte. Wenn sie als kleines Mädchen über den Markt ging und, wie es Kinder eben gerne tun, die saftigen Früchte anfasste, schrien die Verkäufer sie an: »Du dreckiges Judenkind, lass die Finger von unserem Obst.« Diese Erfahrung hatte bei ihr unheilbare Narben hinterlassen. Alles, was mit dem Islam zu tun hatte, betrachtete sie mit größtem Argwohn.

Doch der Rabbi ließ sich auch von Danas Androhung nicht beeindrucken, und so musste sie unverrichteter Dinge wieder nach Hause fahren.

Eran war erschüttert von den Forderungen seiner Schwester Yael und unendlich traurig. Er war durch und durch ein Familienmensch, und der Gedanke, dass er keinen Kontakt mehr zu seiner Schwester, ihrem Mann Yehuda und seinen fünf geliebten Neffen und Nichten haben durfte, schmerzte ihn gewaltig. Andererseits hatte er nicht die Absicht, sich von Yael erpressen zu lassen. Er rief noch einmal bei ihr an und versuchte, sie zur Vernunft zu bringen, aber Yael legte auf, sobald sie seine Stimme hörte. So heiratete er mich trotz aller Drohungen seiner Schwester, und seitdem haben die beiden nicht mehr miteinander gesprochen.

Als Eran und ich uns kennenlernten, hatten wir keine Ahnung davon, was da einmal alles auf uns zukommen würde. Wir hatten beide gerade unser Journalistikstudium an der Columbia University in New York begonnen. Es war ein schwüler, heißer Tag, und wir waren auf einer von der Uni organisierten Busfahrt durch Brooklyn unterwegs. Bei einer kurzen Mittagspause in einem jamaikanischen Schnellimbiss unterhielten wir uns ein paar Minuten über die Vergangenheit, wie es Israelis und Deutsche eben tun, wenn sie sich zum ersten Mal begegnen.

»Ihr Deutschen habt uns nicht gerade nett behandelt im letzten Jahrhundert«, sagte Eran zu mir, nachdem er sich vorgestellt hatte. Dabei war er mir natürlich schon längst auf dem Campus aufgefallen mit seinem Seeräubergesicht und der wilden schwarzen Lockenpracht, die er damals noch hatte.

Während ich noch überlegte, ob ich auf seinen Spruch reflexhaft deutsch und entschuldigend reagieren sollte, merkte ich, dass er mit mir flirtete. Der Holocaust als Pick-Up-Line, das war mir bislang auch noch nicht passiert.

»Und du mit deinen blauen Kulleraugen und blonden Locken bist auch nicht der unschuldige arische Engel, für den dich alle halten«, fügte er grinsend hinzu.

Eran gefiel mir. Erleichtert warf ich die mir von meinen Alt-Achtundsechziger-Lehrern indoktrinierten Schuldgefühle über Bord und entspannte mich.

Wir waren uns schnell einig, dass wir den Holocaust und die deutsche Schuld nicht länger diskutieren müssten. Es gab wirklich nichts Neues mehr zur Shoah zu sagen. Dachten wir damals. Und verstanden uns von nun an bestens. Wir halfen uns gegenseitig beim Studium, gingen manchmal abends zusammen mit anderen Kommilitonen feiern und schäkerten miteinander, aber unsere Beziehung blieb platonisch, auch wenn es immer knisterte zwischen uns. Mit Vergnügen erzählten wir uns von unseren seltsamen Erfahrungen, die wir beide beim Dating mit Amerikanern (erstes Treffen Kino, zweites Treffen Restaurant, drittes Treffen Sex) machten. Je besser wir die Amis kennenlernten, desto fremder wurden sie uns und desto ähnlicher erschien uns die deutsche und israelische Kultur im Vergleich.

Zwei Jahre nach unserem Uniabschluss verließen wir New York. Unabhängig voneinander zogen wir beide nach Berlin. Eran wollte ein Buch schreiben. Die Kombination von Prostituierten und Panzern, die nach dem 11. September vor der Neuen Synagoge auf der Oranienburger Straße auf und ab patrouillierten, fand er so faszinierend, dass ihn hier die Muse küsste.

Das behauptete er zumindest, in Wirklichkeit war er natürlich mir hinterhergezogen, das wollte er nur nicht zugeben! Ich arbeitete in Berlin als freie Journalistin für deutsche und amerikanische Zeitungen. Manchmal schrieben wir auch gemeinsam Reportagen.

Bei der Recherche zu einer Story über Lebensborn-Kinder für die israelische Zeitung »Ha'aretz« kamen wir uns näher. Im Wonnemonat Mai fuhren wir gemeinsam nach Wernigerode, um Menschen zu interviewen, die in den von Heinrich Himmler gegründeten SS-Heimen zur Welt gekommen waren. Viele von ihnen waren uneheliche Kinder, deren Mütter davon abgehalten werden sollten, Abtreibungen vorzunehmen. Wer hier sein Kind zur Welt brachte, musste einen Ariernachweis über viele Generationen hinweg erbringen. Oft, aber nicht immer, waren die Väter auch Mitglieder der SS. Die Kinder kamen meist zu Adoptiveltern und leiden bis heute unter ihren Lebensgeschichten. Bei der Besichtigung eines ehemaligen Lebensborn-Heims in Wernigerode trafen wir gebrochene ältere Menschen, die keinen Frieden schließen konnten mit sich selbst, weil sie gleichzeitig die Nachkommen der Täter, aber auch deren Opfer waren.

Auf dem Rückweg nach Berlin fuhren wir über gewundene Landstraßen durch den Harz. Am Straßenrand blühte zitronengelb der Raps, die Amseln tirilierten in der Abenddämmerung, und bei einer Pause küssten wir uns zum ersten Mal im blauen Licht einer Aral-Tankstelle.

Manchmal bin ich versucht, einen Psychiater zu bitten, mir diesen folgenreichen Tag samt Lebensborn-Impulsen zu analysieren. Aber dann denke ich doch wieder, dass es gesünder ist, manche Begebenheiten einfach nur für sich sprechen zu lassen.

Ein Jahr später zogen wir wieder zurück nach New York, weil ich dort einen festen Job bei einer Nachrichtenagentur angeboten bekommen hatte. Dieses Mal überquerten wir gemeinsam den Atlantik. Eran schrieb weiterhin an seinem Buch und eröffnete nebenbei eine Umzugsfirma, wie Israelis es oft und gerne in den USA machen. Jede Einwanderergruppe hat hier ihre Nische: Die Chinesinnen betreiben Schönheitssalons, die Iren arbeiten im Baugewerbe, die Mexikaner verdingen sich als Tagelöhner, und die Israelis haben das Umzugswesen fest in ihrer Hand.

In New York fühlte sich Eran wie ein Fisch im Wasser. Er kannte jede Straßenecke, jeden Shop, jede Bar.

Schließlich hatte er seit seiner Entlassung aus der Armee fast durchgehend dort gelebt. Als Jude gehörte er hier voll dazu, denn die Mehrheit aller weißen New Yorker sind Juden. Wenn wir abends mit jüdisch-amerikanischen Freunden ausgingen, konnten sie gar nicht genug kriegen von ihm, dem ehemaligen israelischen Elitesoldaten. Sie erzählten Eran von romantischen Jugendaustauschen im Kibbuz in Israel und radebrechten mit ihrem dicken Ami-Akzent ein paar Wörter auf Hebräisch zusammen.

Amerikanische Juden neigen Israelis gegenüber oftmals zu Schuldkomplexen, weil sie ein komfortables Leben in Sicherheit führen und den Staat Israel nur mit Geldspenden unterstützen, während die Israelis ihr Land als Soldaten mit dem eigenen Leben verteidigen.

Mich ließen die New Yorker Juden links liegen. Mit hochgezogener Augenbraue erwähnten sie mir gegenüber höchstens entfernte Onkel und Tanten, die Überlebende der Shoah seien. Oder sie erzählten, dass sie bei ihren Reisen immer die jeweiligen Holocaust-Museen vor Ort besuchten, sei es in Jerusalem, Berlin oder Houston, Texas.

Während Erans Umzugsunternehmen in der Bronx immer weiter expandierte und er sich auf den Umzug von Büros mithilfe ehemaliger Sträflinge spezialisierte, saß ich im Schichtbetrieb rund um die Uhr am Newsdesk und schrieb US-Nachrichten für den international nalen Dienst um. Wenn wir nicht arbeiteten, genossen wir New York und entdeckten die vielen verschiedenen Nachbarschaften der Millionenstadt. Fast jeder hier, so schien es zumindest, war ein Einwanderer. Wir alle waren Fremde, und deswegen wurde keiner ausgegrenzt.

Aus allen Ländern der Erde waren die Menschen nach New York gekommen, um ihren Traum von einem besseren Leben in Amerika zu erfüllen.

Wir wohnten in einem Hochhaus ein paar Straßenblöcke westlich vom Times Square auf der 43. Straße. Wenn wir von dort ein paar Stationen mit der U-Bahn fuhren, konnten wir nach kürzester Zeit in die unterschiedlichsten fremden Welten der Einwanderermetropole eintauchen. Eine vietnamesische Freundin nahm uns mit zu den Merengue-Partys ihrer dominikanischen Nachbarn in Washington Heights, in Flatbush gingen wir nachts zum karibischen Karnevalsumzug, in Flushing gab's chinesisches Dim Sum samt Hühnerfüßen zum Frühstück, und mit einer indischen Freundin entdeckten wir die All-You-Can-Eat-Büfetts und Sari-Shops von Jackson Heights. Wenn einer von uns beiden Heimweh hatte, besuchten wir die israelischen und deutschen Stadtviertel von New York. Tausende Israelis leben in Fresh Meadows in Queens. Auf den Straßen wird Hebräisch gesprochen, es gibt Läden nur mit importierten Waren aus Israel, und an den Häusern hängen die blau-weißen israelischen Fahnen mit dem Davidstern neben dem amerikanischen Sternenbanner. Wenn man ein paar Blöcke weitergeht, fühlt man sich wie in einem mittelalterlichen jüdischen Schtetl. Die Männer tragen seidig glänzende, schwarze Kaftane und große, runde, tablettähnliche Hüte aus Bärenfell, die sie bei Regen mit speziell angefertigten Plastiküberzügen schützen. Die Mütter haben stets einen Tross von unzähligen Kindern hinter sich, und alle sprechen sie Jiddisch.

Wenn ich auf der Suche nach Heimatgefühlen war, fuhren wir mit dem Crosstown-Bus nach Yorkville an der Upper East Side von Manhattan. Hier wurde früher auf den Straßen fast nur Deutsch gesprochen, aber inzwischen waren die meisten deutschen Einwanderer verstorben. Einen deutschen Fleischer gab es noch und eine alte Bäckerei. Es fühlte sich surreal an, mitten in Manhattan auf Deutsch Leberwurst und Pumpernickel zu bestellen. Die Verkäuferinnen wirkten wie aus der Zeit gefallen mit ihren geblümten Kittelschürzen und den gewickelten Locken. Auch ihre Sprache war im Deutschland der Fünfzigerjahre stehen geblieben. Mit meiner modernen deutschen Heimat hatten sie nicht viel zu tun.

So sehr wir unsere Zeit in New York auch genossen, nach mehreren Jahren in Amerika entschieden wir uns, nach Europa zurückzukehren. Ich vermisste meine Eltern und meine Schwester und hatte das Gefühl, dass, wenn wir jetzt nicht wieder zurückgehen würden, wir den Absprung nicht mehr kriegen und wahrscheinlich für immer in den USA bleiben würden. Deutschland war meine Heimat, und bei aller Liebe zu New York wollten wir hier nicht unsere Kinder großziehen. Außerdem hätten wir uns in Amerika niemals die gleiche gute Schulausbildung wie in Deutschland für unsere (noch ungeborenen) Kinder leisten können. Einen Umzug nach Israel konnte ich mir nicht vorstellen, mein Horror vor Selbstmordattentätern, explodierenden Bussen und Raketenangriffen aus Gaza und dem Libanon war zu groß.

Nachdem wir uns für Berlin als unseren zukünftigen Wohnort entschieden hatten, fragte mich Eran, wie er dort aufenthaltstechnisch leben solle. Bei seinem ersten längeren Aufenthalt in Berlin war er alle drei Monate für ein Wochenende nach Prag gefahren, um durch die Wiedereinreise nach Deutschland sein Bleiberecht zu erneuern. Manchmal passte er nicht ganz so penibel mit den

Daten auf, was dazu führte, dass wir einmal beim Abflug von Berlin-Tegel kurzzeitig von der Bundespolizei festgesetzt wurden, weil seine Aufenthaltserlaubnis abgelaufen war. Das wollten wir nicht unbedingt noch einmal wiederholen.

Wir saßen im kleinen Wohnzimmer unseres Apartments im dreißigsten Stock in Hell's Kitchen mit Blick auf den Hudson River. Im Süden konnte man schemenhaft die Umrisse der Freiheitsstatue erkennen. Von unten drang der Lärm der niemals enden wollenden Autolawine hoch, die von New Jersey durch den Lincoln Tunnel nach Manhattan hineinrollte. Sachlich zählte ich Eran die verschiedenen Optionen auf, mit denen er eine langfristige Aufenthaltsgestattung für Deutschland erhalten würde.

»Du kannst ein Journalistenvisum beantragen, dich als Student an einer Berliner Uni einschreiben oder eine Aufenthaltsgenehmigung durch Heirat mit einem deutschen Staatsbürger bekommen«, erklärte ich.

Kaum hatte ich den Satz beendet, sah ich zu meiner großen Verwunderung, wie Eran zum Telefon griff und seine Mutter in Israel anrief. Viel verstand ich nicht. Nur das Wort »Chatuna«, das er ständig und euphorisch wiederholte, hatte ich gerade in meinem Hebräischkurs gelernt: Es bedeutete Hochzeit.

Misstrauisch setzte ich an, ihn zu fragen, was er denn gerade seiner Mutter erzählt habe, aber da wählte er schon die nächste Nummer. Diesmal sprach er mit seiner kleinen Schwester Lior. Anschließend strahlte er mich an, gab mir einen Kuss, und erklärte: »Ich habe meiner Familie nur berichtet, dass du mir einen Heiratsantrag gemacht hast. Und dass ich Ja gesagt habe.«

Danach verlor er keine Minute und fing sofort an, unsere Hochzeit zu organisieren, fast so, als hätte er Angst, ich könnte es mir noch mal anders überlegen, wenn ich mich von seinem Überrumpelungsmanöver wieder erholt hätte. Zwei Wochen nach meinem vermeintlichen Antrag hatte er einen Termin beim Standesamt in der City Hall von Manhattan organisiert. Unsere Eltern fühlten sich ebenfalls leicht überwältigt von der kurzfristig anberaumten Hochzeit und waren kaum nach New York zu locken. Mein Vater hatte geschäftliche Termine, die er nicht verschieben konnte, meine Schwester stand mitten im Physikum, aber wenigstens meine Mutter kam. Erans Vater war schon vor Jahren gestorben, und seine Mutter fand auch alles viel zu kurzfristig und sagte ab. Nur Erans Schwestern Lior und Efrat mit ihrem Mann Joni und den beiden kleinen Nichten würden kommen.

Zwei Tage vor der Trauung überlegte sich Mutter Dana dann wieder alles anders. Die Hochzeit ihres einzigen Sohnes konnte sie doch nicht verpassen! Sie rief beim Reisebüro an, aber alle Flüge waren ausgebucht. Kurzerhand packte sie ihren Koffer, fuhr zum Flughafen und marschierte direkt zum Schalter der größten israelischen Fluggesellschaft El Al.

»Ich muss auf den nächsten Flug nach New York mitkommen, Motek«, sagte sie zur jungen El-Al-Angestellten und nannte sie Motek oder Schätzchen, wie sie es üblicherweise mit allen jungen Frauen machte. »Mein Sohn heiratet übermorgen in Manhattan, da darf ich nicht fehlen.«

»Der Flieger ist ausgebucht und hebt in zwei Stunden ab, tut mir leid«, erwiderte die Angestellte und drehte sich dem nächsten Kunden zu. Sie hatte noch nicht verstanden, mit wem sie es zu tun hatte.

»Motek, das ist keine Option, ich muss mitfliegen«, erklärte Dana nachdrücklich. Wenn sie etwas wollte, konnte sie ein richtiger Nudik, eine echte Nervensäge sein. Genau wie ihr Sohn.

Doch die El-Al-Bedienstete stellte ebenfalls auf stur, und zwei Stunden später verließ die Boeing den Flughafen Ben Gurion ohne Dana.

So schnell gab Dana jedoch nicht auf. Es gab noch einen weiteren Flieger, der vier Stunden vor unserer Hochzeit in New York ankommen würde, und mit dem wollte sie mit.

»Sorry, auch bei dem Flug ist die ganze Economy Class ausgebucht, und in der Business Class gibt es nur noch Plätze für 8.000 Dollar«, erklärte die mittlerweile sehr genervte El-Al-Dame.

8.000 Dollar mal eben so hatte Dana nicht, aber dafür ihre einzigartigen Überredungskünste.

»Können Sie mir denn bitte nicht ein kostenloses Upgrade für die erste Klasse geben, die Plätze werden sie jetzt doch eh nicht mehr los«, versuchte Dana zu verhandeln.

Als die Bedienstete sie ignorierte, legte sich Dana auf eine Bank direkt vor dem Schalter und fing an, richtig nervig zu werden. Alle halbe Stunde fragte sie die Angestellte, ob sie denn kein Herz habe und sie, Dana, denn wirklich die Hochzeit ihres Sohnes wegen ihr verpassen müsse. Hatte ich bereits erzählt, dass Dana auch perfekt die Kunst des Schuldgefühle-Einredens beherrschte und jedem jederzeit meisterlich ein schlechtes Gewissen vermitteln konnte?

Nach ein paar Stunden hatte sie sämtliche Angestellte beim El-Al-Schalter in den Wahnsinn getrieben, und der

Chef persönlich ging zu Dana, die immer noch mit ihrem Sit-in auf der Bank vor dem Schalter protestierte, und versprach ihr ein kostenloses Upgrade für die Business Class, wenn sie nur endlich seine Angestellten in Ruhe lassen würde.

Und so rauschte Dana zu unser aller Überraschung kurz vor knapp mit dem Taxi vor dem Standesamt in Manhattan an. Während der Zeremonie trillerte sie laut den orientalischen Freudenruf, und zusammen mit ihren beiden kleinen Enkeltöchtern bewarf sie uns über und über mit Bonbons, während die New Yorker Standesbeamtin uns völlig ungerührt ob des großen Buheis zu Mann und Frau erklärte.

Im Herbst des gleichen Jahres heirateten wir dann noch ein zweites Mal, diesmal in einer traditionellen jüdischen Zeremonie am Mittelmeerstrand nördlich von Chadera in Israel.

Eran war es wichtig, eine richtige jüdische Vermählung zu haben. Das allerdings war kein leichtes Unterfangen, denn die Rabbis in Israel dürfen laut Gesetz keine »Mischehen« zwischen Juden und Nichtjuden vollziehen. Wochenlang suchten wir einen Rabbi, der es trotzdem machen würde. Es ging mehr um die Zeremonie als die Papiere, denn offiziell waren wir ja bereits verheiratet.

Ich telefonierte mit einer liberalen amerikanischen Rabbinerin, die gerne die Trauung vollzogen hätte, aber sie verlangte für den Flug nach Israel, ihre Unterkunft in einem Hotel dort und die eigentliche Zeremonie ein kleines Vermögen, das wir uns nicht leisten konnten.

Dann hörten wir von einem esoterischen Rabbi, der in der israelischen Arava-Wüste lebte und dort Kabbala- und Liebes-Workshops für sinnsuchende Juden anbot.

Der Rabbi erklärte sich bereit, uns zu vermählen, allerdings wollte er vorher noch einmal mit mir sprechen.

Ich war gerade mit Lior auf dem Lewinsky-Markt in Tel Aviv unterwegs, um mir bei einem der persisch-jüdischen Kleiderhändler einen Schleier für die Hochzeit zu kaufen, als Rabbi Oded auf meinem Handy anrief.

»Schalom Kirsten«, begrüßte er mich. »Es ist mir klar, dass du keine Jüdin bist, und das ist auch okay so. Allerdings müsste ich, bevor ich dich und Eran verheirate, schon eine Zusage von dir haben, dass du, wenn ihr Kinder habt, diese gemeinsam mit Eran im jüdischen Glauben erziehst.«

Ich zögerte. Damit hatte ich nicht gerechnet. Eran hatte bereits mit dem Rabbi telefoniert und mir seinen Anruf angekündigt. Aber er hatte mir nichts davon erzählt, dass es Bedingungen für unsere Rabbi-Trauung geben würde, die ich zu erfüllen hätte. Für einen Moment fühlte ich mich hintergangen und überlegte, ob ich einfach Ja sagen, aber dabei die Finger hinter dem Rücken kreuzen und ableiten sollte. Doch diesen Gedanken verwarf ich sofort wieder, er erschien mir der Wichtigkeit des Anliegens nicht angemessen. Ich überlegte schnell. Der Rabbi sollte auch nicht misstrauisch werden, weil ich zu lange mit meiner Antwort auf mich warten ließ. Oded hatte nicht explizit gesagt, dass ich meine eigenen Traditionen ablegen oder verleugnen müsse. Solange ich Weihnachten und Ostern mit unseren Kindern würde feiern können, hatte ich nichts dagegen, auch Chanukka, Pessach und Rosch ha-Schana mit den Kindern (die bis dato noch nicht einmal in Planung waren) zu feiern.

»Klar erziehe ich die Kinder auch im jüdischen Glauben«, antwortete ich ihm, und der Deal war besiegelt.

Ich musste an meine Großmutter denken, der man vor vielen Jahrzehnten ein ähnliches Gelübde abgerungen hatte, als Bedingung dafür, als Protestantin einen katholischen Mann heiraten zu dürfen. Apropos Großmutter: Bei der Hochzeit würde ich ihr altes, eigens für ihre Hochzeit geschneidertes Kleid aus cremefarbener Pariser Seide tragen. Sie selbst hatte es nie getragen, denn ihre Hochzeit sollte im Herbst 1938 stattfinden, doch da bekamen ihre beiden Brüder, die bei der Wehrmacht waren, keinen Urlaub, und so sagte sie das Fest kurzfristig wieder ab und ließ sich nur standesamtlich trauen.

Die Trauung fand bei Sonnenuntergang direkt am Strand statt. Unsere Gäste hatten sich um die Chuppa versammelt, einem Hochzeitsbaldachin mit weißem Stoffdach und Blumengestecken. Erans Onkel und unsere Trauzeugen hielten die vier Pfähle der Chuppa. Ich musste unter der Chuppa siebenmal verschleiert um Eran herumlaufen, während Rabbi Oded mit seiner Lockenmähne und einem weißen Leinenumhang übers Mikrofon die passenden Segenssprüche auf Hebräisch und auf Englisch sprach.

Laut biblischer Überlieferung befahl Gott den Israeliten beim Einzug ins Gelobte Land, siebenmal um die Stadtmauern von Jericho herumzugehen, dann würden diese einstürzen. Die Israeliten taten wie befohlen und eroberten Jericho. Bei der Hochzeit soll die Frau sieben Mal unter der Chuppa um ihren Mann schreiten, um die Mauern um sein Herz zu zerbrechen. Und ihn dann zu erobern.

Mir wurde vor allem schwindelig, während ich, ohne viel zu sehen, um Eran kreisen musste. Ich war froh, als er endlich meinen Schleier lüftete und mich küsste. Anschließend zertrat er ein in eine Stoffserviette gewickeltes Glas in Gedenken an die Zerstörung des Tempels in Jerusalem und die historischen Leiden der Juden. Alle jubelten, unsere Mütter weinten, die Kinder bewarfen uns wieder mit Bonbons. Dutzende, mir gänzlich unbekannte Verwandte von Eran kamen und knutschten mich ab.

Nach der Zeremonie wurde das Büfett in einem Garten gleich oberhalb des Strandes eröffnet. Als Überraschung des Abends brachte meine Mutter zum Nachtisch eine wunderschöne, deutsche Hochzeitstorte – ganz ohne israelischen Pomp und Kitsch. Sie hatte mithilfe der deutschen Botschaft in Tel Aviv eine in Israel lebende Deutsche gefunden, die in ihrer Freizeit gerne backt und die Torte extra für unsere Hochzeit gemacht hatte.

Spätabends, als auch die letzten Gäste die Tanzfläche verlassen hatten und nach Hause gefahren waren und nur noch Eran und ich, seine Mutter und unsere Trauzeugen übrig waren, gingen wir in eine kleine Hütte neben dem Garten, um uns umzuziehen. Erleichtert zog Eran seine schicke graue Hose aus und schlüpfte schnell wieder in seine Shorts. In dem Moment kam seine Mutter zu mir, zeigte auf die zerknüllte Hose, die Eran achtlos auf den Boden geschmissen hatte, und sagte mit einem triumphierenden Grinsen zu mir: »Das ist von nun an nicht mehr mein, sondern dein Job.«

Ein Jahr nach der Hochzeit wurde unsere Tochter Miri in Berlin geboren. Ari folgte drei Jahre danach. Laut halachisch-jüdischem Gesetz sind die beiden natürlich keine Juden, weil ich ja immer noch nicht konvertiert bin.

Getauft sind sie selbstverständlich auch nicht. Für Eran sind sie dennoch Juden. Jeden Freitagabend heißen wir bei uns zu Hause, in unserer Altbauwohnung in Berlin-Mitte, den Schabbat willkommen. Miri zündet zwei Kerzen auf dem Fensterbrett im Wohnzimmer an und betet, Eran segnet den Wein, und Ari wirft mit Begeisterung allen Familienmitgliedern kleine Stücke vom Challa, dem jüdischen Zopfgebäck, quer über den Esstisch zu.

Wir feiern sowohl Chanukka, das jüdische Lichterfest, als auch Weihnachten. Und wenn die beiden Feste aufs gleiche Datum fallen, feiern wir Weihnukka. Dann gibt es acht Tage lang Lattkes (Reibekuchen) und Gänsebraten, Chanukka-Kerzen und Christbaumlichter und zur Freude der Kinder doppelt so viele Geschenke wie sonst.

Im Zahav stellt Eran an Chanukka eine kleine, gläserne Chanukkia, also einen neunarmigen Kerzenständer, ans Fenster. Den haben wir vor langer Zeit im orthodoxen Viertel der Jerusalemer Altstadt gekauft. Wenn es dunkel wird und ich von meinem Job als Korrespondentin bei der Nachrichtenagentur abends in sein Restaurant komme, nimmt er die mittlere Kerze aus dem Ständer und zündet damit jeden Abend eine weitere Kerze im Leuchter an, bis dann am letzten Tag von Chanukka alle acht Kerzen brennen. Dabei singt er die gleichen Gebete, die die Juden schon seit Jahrhunderten und auch an diesem Abend in aller Welt singen. Miri und Ari spielen derweil mit ihren neongrell leuchtenden Plastikkreiseln, die scheppernd laut Chanukka-Lieder von sich geben und natürlich ein Geschenk der Oma aus Israel sind. Für alle Gäste und auch für unsere Familie gibt es anschließend Sufganiot, die Eran morgens beim koscheren Bäcker im Prenzlauer Berg geholt hat. Sufganiot sind im Fett gebackene Hefeballen mit Marmelade, in Deutschland gemeinhin auch als Berliner Pfannkuchen oder Krapfen bekannt.

Strahlend sitzt Eran in seinem Restaurant in der Ecke unter dem Bücherregal und blickt durch den Raum, betrachtet seine fröhlich spielenden Kinder, die Gäste, die zufrieden ihre Sufganiot verspeisen, und die leuchtenden Kerzen am Fenster. Wenn ich dann zu ihm hinübergehe und mich neben ihn setze, legt er seinen Arm um meine Schulter und sagt, so als könne er es selber kaum glauben: »Erinnerst du dich noch, wie wir vor ein paar Jahren mit ein paar Koffern in Berlin angekommen sind und sonst gar nichts hatten? Jetzt haben wir eine Familie, zwei gesunde, wunderbare Kinder und ein florierendes Restaurant. Baruch HaSchem«, fügt er dann noch an, »Gott sei gedankt«, und beißt genüsslich in seinen koscheren Berliner Pfannkuchen.

2. Familienbesuch im Heiligen Land

Unser erster gemeinsamer Besuch in Israel war wunderschön. Wir waren frisch verliebt und hatten das Gefühl, dass nichts und niemand unserer glücklichen Zweisamkeit etwas antun konnte. Auch das Gelobte Land zeigte sich, durch meine rosarote Brille betrachtet, von seiner allerbesten Seite. Und so ganz anders, als ich es mir vorgestellt hatte.

In der Schule hatten uns die Lehrer den Eindruck vermittelt, Israel sei ein Land voll traumatisierter Holocaustüberlebender – mit Nachkommen, die als bis an die Zähne bewaffnete Soldatinnen und Soldaten in erster Linie damit beschäftigt seien, weitere Genozide an den Juden zu verhindern.

Stattdessen zeigte Eran mir ein Land, das vor Lebendigkeit und Lebensfreude sprühte. Mit Menschen, die aus der ganzen Welt hierher eingewandert waren. Juden aus Polen, Argentinien, Russland, Frankreich, USA, ja, sogar Indien, Jemen und Äthiopien. Jede Gruppe hatte ihre eigenen Traditionen und Sprachen mitgebracht. Zwar lernten die meisten schnell Hebräisch, aber als wir uns in Tel Aviv über den Lewinsky-Markt durch die Menge schoben, konnten wir in dem babylonischen Stimmgewirr auch Französisch, Russisch, Türkisch, Spanisch und Englisch hören.

Apropos Sprache: Eines der ersten hebräischen Wörter, das ich lernte, war das Wort Balagan. Chaos. Aber eine Art buntes Chaos und Durcheinander, das das Leben in Israel gut beschreibt. Ein überströmender Schmelztiegel verschiedenster Menschen, die ihrer alten Heimat den Rücken gekehrt haben in der Hoffnung auf ein besseres Leben in Israel. Ein Land, in dem vieles nicht funktioniert, aber wo jeder Neuling schnell lernt, zu improvisieren und sich irgendwie durchzuschlagen. Balagan, ein Wort, das israelischer nicht sein könnte.

Viele von Erans Freunden sind Israelis der zweiten Generation, so wie er. Sie sind in Israel geboren, aber die Kinder von Einwanderern. Ständig machen sie Witze über ihre Herkunft und necken sich gegenseitig mit den damit verbundenen Klischees und Vorurteilen. Den Polen wird aufs Brot geschmiert, dass sie immer nur meckern. Die Franzosen gelten als blasiert, die Russen als mafiöse Oligarchen und leichte Mädchen. Die Georgier, die angeblich versteckt unter ihren Hemden lange, krumme Messer am Hosenbund tragen, sind gefürchtet. Die Amerikaner mit ihrem dicken Akzent und ihrem ideologischen Eifer werden gerne verspottet.

Auch über die deutschen Juden machen sich alle lustig. Sie sind bekannt als ordnungsliebend, überpünktlich und verstockt. Solche, die selbst im israelischen Hochsommer im dunklen Anzug herumlaufen, zu Hause auch in der zweiten Generation noch lieber Deutsch sprechen und sich am Wochenende gegenseitig zum Kaffeeklatsch einladen. Menschen, die sich so gar nicht mit dem israelischen Balagan und der schwülen Hitze abfinden können. Ein bisschen eingebildet und überheblich außerdem, zumindest dem Klischee nach. Jeckes werden sie genannt.

Wobei nicht ganz klar ist, woher der Spitzname eigentlich kommt. Manche sagen, die osteuropäischen Juden in Palästina hätten die deutschen Einwanderer in den Dreißigerjahren so genannt, weil sie selbst bei über vierzig Grad im Schatten immer korrekt gekleidet mit Jacketts herumgelaufen seien. Andere wiederum behaupten, die deutschen Juden hätten den Spitznamen schon früher bekommen. Noch in Europa, als sie von den traditionell mit Kaftan und Kippot bekleideten Juden aus Polen als Jeckes bezeichnet wurden, weil sie in Deutschland assimiliert lebten und westliche Kleidung, also Jacken, trugen.

Die Perser, zu denen auch Eran und seine Familie zählen, sind als geizige Händler verschrien, die ihr Vermögen am Liebsten unterm Teppich verstecken. Von Erans Verwandtschaft kann man das allerdings nicht sagen. Ich werde regelmäßig mit Goldkettchen und Armbändern überhäuft, wenn wir sie besuchen. In meinem Nachtschränkchen habe ich inzwischen eine ganze Schublade voll mit Goldmünzen, die Miri und Ari über die Jahre von den diversen Großtanten und -onkeln geschenkt bekommen haben.

Über die Familie seines Vaters Schlomo erzählt Eran nur wenig. Schlomo war der älteste Sohn von zwölf Geschwistern und kam als Teenager mit seiner Familie aus der westpersischen Kleinstadt Khansar nach Israel.

Erans Mutter Dana stammt ebenfalls aus dem Iran. Sie war das sechste von zehn Kindern. Ihr Vater war ein wohlhabender Textilhändler in Golpayegan, nordwestlich von Isfahan, der mit seinen Spenden die örtliche Synagoge unterstützte. Dana schwelgt oft in wehmütigen Erinnerungen an das alte Haus. Es lag in einem großen Garten mit alten, knorrigen Kirschbäumen, auf denen sie sich als Kind mit ihren Geschwistern abends im Sommer oft versteckte, wenn sie nicht ins Bett gehen wollte. Nach der Gründung Israels im Jahr 1948 und den ersten Kriegen gegen die muslimischen Nachbarn wurde das Klima gegenüber den Juden im Iran, ja, im gesamten Nahen Osten, immer feindseliger. Die Stadtältesten von Golpayegan verlangten von Danas Vater, dass er und seine ganze Familie zum Islam konvertieren müsse. Von nun an praktizierte die Familie ihr Judentum nur noch im Geheimen. Wenn sie am Schabbat die Kerzen anzündeten, zogen sie vorher die Vorhänge zu. Doch die Nachbarn wurden bald misstrauisch, und so kamen die muslimischen Stadtältesten wieder zum Vater. Als Zeichen seiner Liebe zum Islam müsse er seine beiden ältesten Töchter, die gerade mal sechzehn und siebzehn Jahre alt waren, mit ihren Söhnen verheiraten, forderten sie. Voller Panik floh Danas Familie in einer Nacht-und-Nebel-Aktion aus Persien. Ihr Haus und ihr Vermögen mussten sie für immer zurücklassen. Als sie in Israel ankamen, waren sie, wie die meisten Flüchtlinge, sehr arm. In den ersten Jahren wohnte die ganze große Familie zusammen in einem einzigen Zimmer und schlief auf Strohmatratzen. Nur einmal in der Woche hatten alle Flüchtlinge die Gelegenheit, im Freien zu duschen, sie warteten dann jedes Mal stundenlang, bis sie an der Reihe waren. Dana war damals fünfzehn Jahre alt. Zwei Jahre später traf sie Schlomo. Die beiden heirateten sofort, und Dana konnte endlich der bedrückenden Enge entrinnen. Als sie achtzehn Jahre alt war, kam ihre erste Tochter Meital auf die Welt. Ein Jahr später folgte Efrat, dann Yael und Eran. Lior, die jüngste Tochter war eine Nachzüglerin. Sie wurde geboren, als Dana 32 Jahre alt war.

Bis heute hat Dana ihren Peinigern im Iran nicht verziehen. Sie spricht noch immer fließend Farsi und Arabisch (was sie im Religionsunterricht im Iran lernen musste), aber mit den Muslimen in Israel will sie nichts zu tun haben. Dabei ist sie den Arabern in ihrer ganzen Art und Tradition oft so viel ähnlicher als den Juden, die aus Europa nach Israel eingewandert sind.

Mehr als zwanzig Prozent der Bevölkerung in Israel sind Araber. Auch sie sind keine einheitliche Gruppe. Es gibt arabische Muslime, Christen und Drusen. Die Drusen lebten in kleinen Dörfern im Norden Israels sowie nordöstlich der Grenze im Libanon und Syrien. Sie haben sich Anfang des 11. Jahrhunderts vom Islam abgespalten, glauben an die Wiedergeburt und heiraten nur unter ihresgleichen. Viele Rituale ihrer Religion sind geheim und dürfen bis heute nicht an Andersgläubige weitergegeben werden. So dürfen drusische Frauen überhaupt keinen Schmuck und Make-up tragen, aber wenn man sie fragt warum, dann lächeln sie nur und schweigen.

»Ein Wunder, dass wir uns hier in unserer Andersartigkeit nicht alle gegenseitig erschlagen«, sagte Eran damals bei meinem ersten Besuch in Israel. Wir saßen in einem kleinen Café, tranken starken arabischen Mokka und beobachteten das Menschengewimmel auf dem Lewinsky-Markt. Eran kann anhand der Gesichtszüge, der Hautfarbe, dem Klamottenstil und Akzent sofort erkennen, woher die verschiedenen Israelis ursprünglich stammen, während ich oft nicht einmal sehen kann, ob unser Gegenüber ein Araber oder ein orientalischer Jude ist.

Als wir anschließend händchenhaltend zu den Nuss-

und Gewürzständen gingen, um Cashews, Pistazien und Rosinen als Proviant für unseren Ausflug ans Tote Meer zu kaufen, blieb ein alter persischer Jude mit weißer Häkel-Kippa im Gedränge stehen und starrte uns an, als seien wir aus dem Zoo entlaufen: Eran mit seiner braunen Haut, dem Stoppelbart und den damals noch langen schwarzen Locken; ich daneben, blond, blass und blauäugig.

»Baruch HaSchem le Aliya – Gott sei Dank, dass es die Einwanderung gibt!«, rief er dann begeistert und klopfte Eran wohlwollend auf die Schulter, wohl weil er mich für eine frisch eingewanderte russische Jüdin hielt und fand, dass Eran eine gute Wahl getroffen hatte. Der Spruch ist seither bei uns zum geflügelten Wort geworden. Wann immer wir entzückt die vielen Immigranten in Berlin dabei beobachten, wie sie gewieft Abkürzungen im Bürokratendschungel finden oder mit ihrer lockeren, warmherzigen Art die unterkühlten deutschen Mitbürgerinnen und Mitbürger aus der Reserve locken, danken wir dem Herrgott, oder HaSchem, dass er uns auch nach Deutschland Einwanderer geschickt hat.

Von den Wundern des Toten Meeres, auf Hebräisch Yam HaMelach, hatte Eran mir schon oft zu Hause erzählt, und er wollte es mir bei unserem ersten Israelbesuch zeigen. Noch vor Sonnenaufgang fuhren wir in die Wüste. Die kurvige Fahrt ging durch ein rötlichbraunes Felsmassiv vorbei an steilen Abhängen tief hinunter bis auf 420 Meter unter dem Meeresspiegel. Abgesehen von einigen verdorrten, staubigen Büschen wuchs hier nichts. Auf einer schmalen Straße fuhren wir am Ufer des Toten Meeres mit seinen strahlend weißen Salzkrusten entlang, bis mitten in der Einöde plötzlich mehrere

Hotelkästen zwischen ein paar verstaubten Palmen auftauchten. Wir hatten En Bokek erreicht, die israelische Version eines deutschen Heilbades.

In den fetten Jahren des Wirtschaftswunders waren die deutschen Krankenkassen noch so spendabel, dass sie reihenweise Patienten mit Hautkrankheiten hierher auf Kur schickten. Was sich unter israelischen Männern schnell herumsprach, die gerne am Wochenende zu den Hotels am Toten Meer kamen, um die freizügigen deutschen Frauen abzuschleppen. Jetzt waren hier hauptsächlich ältere russische Einwanderer mit riesigen Sonnenhüten unterwegs. An den Hotels hatte die salzhaltige Luft den Putz weggefressen, es roch nach ranzigem Fett und WC. En Bokek hatte seine besten Tage eindeutig hinter sich.

Wir kauften uns bei einem Kiosk zwei Packungen grauen Schlamm, Marke Mineralcare, für 15 Schekel und gingen hinüber zum schmalen Strand neben dem Parkplatz. Der erste Kontakt mit dem Wasser war unglaublich, als würde man ein bislang unbekanntes Element berühren. Es fühlte sich an wie eine warme, ölige Flüssigkeit, die einen beim Baden in eine Art Schwebezustand versetzte.

Nachdem wir uns lange durch das Wasser hatten treiben lassen, schmierten wir uns am Strand gegenseitig von Kopf bis Fuß mit dem mineralreichen Schlamm ein, der aus den Tiefen des Toten Meeres gebaggert worden war. Dann legten wir uns in die Sonne, bis der Schlamm getrocknet war und wie faltige Elefantenhaut aussah und sich auch so anfühlte. Anschließend tauchten wir wieder ins Tote Meer ein, schöpften Hand um Hand lose Salzkristalle vom Grund und rieben damit die getrocknete

Matsche vom Körper. Das Resultat grenzte an ein Wunder. Die Haut war samtweich, kleine Blessuren und offene Stellen waren verschwunden und verheilt. Auf der Rückfahrt nach Tel Aviv fühlte ich mich wach und lebendig wie selten. Jede Pore meiner Haut schien zu atmen, der ganze Körper vor Energie und Tatendrang zu bersten. Ich war bereit, Erans Familie kennenzulernen.

Erans Mutter hatte uns für den ersten Schabbat-Abend in Israel zu sich nach Hause eingeladen, und wir würden übers Wochenende bleiben. Bevor wir zu ihr fuhren, saßen wir am Freitagnachmittag noch eine Weile auf einer Bank unter den riesigen Ficus-Bäumen auf dem Rothschild-Boulevard in Tel Aviv. Wir schauten zu, wie die Tel Avivis kurz vor Ladenschluss ihre letzten Besorgungen erledigten. Eine friedliche Stimmung breitete sich in der Stadt aus, die Straßen leerten sich, der Lärm verebbte. Die »magische Stunde« nannte Eran diesen Übergang von der Arbeitswoche zum Schabbat.

Überall im Land kommen die Familien zusammen, selbst die meisten wehrpflichtigen Soldaten dürfen fürs Wochenende ihren Armeestützpunkt verlassen und zu den Eltern fahren. Wenn es dunkel wird und der Schabbat anbricht, lassen die religiösen Juden die Autos stehen und gehen zu Fuß in die Synagoge. Auch die Busse fahren nicht mehr. Viele Läden, Cafés und Restaurants im ganzen Land bleiben bis zum Ende des Schabbats am Samstagabend geschlossen. Arbeiten ist strengstens untersagt, auch Lichtmachen, Kochen, Schreiben, Fernsehen oder Handybenutzung ist gläubigen Juden verboten. In der Thora heißt es, dass Gott sich nach der Schöpfung in sechs Tagen am siebten Tag ausgeruht habe. Und auch in Israel ist der Samstag ein Ruhetag – viel absoluter und stiller, als es je einen sonntäglichen Ruhetag in Deutschland gegeben hat.

Für Tel Aviv allerdings ist die Schabbat-Ruhe nur begrenzt gültig. Spät am Freitagabend, wenn alle gegessen und verdaut haben, wacht die Stadt wieder auf, die Bars und Clubs füllen sich, und die Küstenmetropole wird ihrem Ruf als größte Clubszene des Nahen Ostens mehr als gerecht.

Kurz vor Sonnenuntergang kamen wir bei Erans Mutter Dana in Rischon Le Ziyon an. Die Stadt wurde im späten 19. Jahrhundert von russischen Einwanderern gegründet und liegt zwanzig Kilometer südlich von Tel Aviv. Dana wohnte in einer kleinen Eigentumswohnung im sechsten Stock einer neu gebauten Hochhaussiedlung wie so viele andere Israelis auch. Von ihrem großen Balkon konnte sie bei gutem Wetter (und es ist ja fast immer gutes Wetter) das Meer am westlichen Horizont sehen. Doch in erster Linie nutzte sie ihren Balkon als eine Art Open-Air-Küche. Jeden Freitagmorgen, noch vor Sonnenaufgang, bereitete sie dort das Schabbat-Mahl vor. Sie röstete den Knoblauch, briet Leber und dünstete Zwiebeln an, bevor sie alles im Mixer zu gehackter Leber, einer klassischen, jüdischen Vorspeise vermengte. Ihre Nachbarinnen taten es ihr gleich, kochten und backten den ganzen Freitag lang, jede Woche, jahrein, jahraus.

Danas gehackte Leber war nur der Anfang. Als Nächstes schmorte sie Hähnchenkeulen, röstete Auberginen und briet Fisch in Tomatensoße. Sie kochte den ganzen Tag, ein Gericht nach dem anderen, bis der Freitag sich dem Ende zuneigte und ihre erwachsenen Kinder endlich nach Hause kamen.

Kaum waren wir in Danas Wohnung eingetreten, draußen dämmerte es bereits, da legte sie sich ein dünnes Tuch über ihre kurzen, rotbraunen Haare, zündete zwei Kerzen an, hielt die Hände vor die Augen, betete und hieß den Schabbat willkommen. Dann begrüßte sie auch uns mit Küssen und Umarmung. Anschließend versammelten wir uns um den Tisch. Zwei von Erans Schwestern, Efrat und Lior, waren auch da. Schließlich waren alle neugierig auf die deutsche Freundin. Weil Erans Vater bereits vor vielen Jahren gestorben war, sprach Eran als Familienoberhaupt den Kiddusch oder Segensspruch für Wein und Challa, eine Art Hefezopf. Der Silberbecher mit dem süßen Rotwein ging reihum, und jeder bekam ein Stück in Salz getipptes Challa zugeworfen. Dann wurde gegessen. Es gab Rote-Beete-Salat mit Koriander, pürierte Auberginen mit Knoblauch, in Olivenöl eingelegten Paprika, Karottensalat mit Kreuzkümmel, in Essig gezogenen rohen Fenchel und Kohl, natürlich die gehackte Leber, Hummus mit Pitabrot, scharfe Soße aus grünen Chilis und Zitronensaft, Börek, Tahina-Sesamsauce mit Granatapfelkernen und Fetakäse mit Za'atar, einer Gewürzmischung aus Oregano, Thymian, Sesam und Salz.

Kaum waren die Teller leer, brachte Erans Mutter zu meiner Überraschung die eigentlichen Hauptspeisen aus der Küche. Damit hatte ich nach diesem üppigen Mahl natürlich nicht mehr gerechnet, sehr zur Belustigung der versammelten Familienmitglieder. Die Mutter servierte stolz persisches Gulasch mit gelben Linsen, Hähnchenbeine mit Kurkuma und Kartoffeln, grünen Eintopf aus zwanzig verschiedenen frischen Kräutern und getrockneten Limonen, panierte Hähnchenschnitzel und Reisnudeln mit Hackfleischsoße und Karottenstückchen. Außerdem kredenzte sie noch das Lieblingsgericht ihres Sohnes: Gondi, in Tomatensoße geschmorte Klöße aus Reis, feingehackter Hähnchenbrust und Gewürzen, eine der bekanntesten Spezialitäten der persischen Juden.

Dana verwöhnte mich. Sie suchte mir stets die besten Happen, das zarteste Fleisch und die knusprigsten Kartoffeln heraus und sorgte dafür, dass mein Teller niemals leer wurde. Trotz Beteuerungen meinerseits, dass ich pappsatt sei, gab es immer wieder Nachschub. Schließlich nahm sie eine Hähnchenkeule aus dem Kochtopf und schwenkte sie dramatisch vor meinem Gesicht hin und her.

»Schmeckt dir mein Essen nicht, oder warum rührst du es kaum an?«, fragte sie halb beleidigt, halb belustigt, als ich abwehrend mit dem Kopf schüttelte. Ich war so vollgestopft, dass ich mich kaum noch bewegen konnte. Reden konnte ich auch nicht mehr.

Während das Hungern der Deutschen im und nach dem Zweiten Weltkrieg dazu geführt hat, dass man bei uns niemals Essen wegwerfen darf, hatten die Leiden und das Hungern während des Holocaust den umgekehrten Effekt auf die Israelis. Es gibt eine nationale Obsession rund ums Essen, der Tisch darf niemals leer sein, es muss immer mehr als genug Essen im Haus sein. Auch der mannshohe Kühlschrank von Erans verwitweter Mutter ist stets zum Bersten vollgestopft. So als müsse sie jederzeit sämtliche Kinder, die angeheirateten Schwäger und alle neun Enkelkinder gleichzeitig bewirten können.

Als wirklich keiner noch einen einzigen Bissen zu sich nehmen konnte, fingen Dana und die Schwestern an, den Tisch abzuräumen. Eran ließ sich auf die schwarze Ledergarnitur im Wohnzimmer fallen und machte den

Fernseher an. Fußball. Ich stutzte. Nachdem die Frauen die Küche aufgeräumt hatten, tänzelten sie um Eran herum und lasen ihm jeden Wunsch von den Lippen ab. Sie erkundigten sich, wie er seinen Tee trinken wolle (mit frischer Nanaminze), ob er dazu Obst wolle (nein), Halva-Kekse oder lieber Pistazien (beides).

Am nächsten Morgen ging es so weiter. Direkt nach dem Aufstehen servierte die Mutter ihrem Sohn Nescafé mit Plätzchen. Ans Bett! Dann brachte sie ihm die Wochenendzeitungen. Sie tischte seinen geliebten Cottage Cheese und Buttermilch auf, briet Eier, servierte Toast, Tomaten, Gurken, Avocado, Schafskäse, selbst gemachte Erdbeermarmelade und Tee zum Frühstück. Fairerweise muss ich gestehen, dass mir die gleiche königliche Behandlung zuteilwurde. Trotzdem war ich irritiert, wusste nicht, ob ich lachen oder weinen sollte. Eran war völlig in seine Kindheitsrolle zurückgefallen. Als einziger Sohn unter vier Töchtern war er auf einmal wieder der kleine, verwöhnte Pascha von ehedem. Und mir hatte er in den ersten Wochen unserer Beziehung erzählt, dass er Feminist sei.

Gereizt versuchte ich, ihm meine Aggressionen über sein, wie ich fand, absolut chauvinistisches Verhalten zu erklären. Das wollte und musste ich jetzt auf der Stelle mit ihm durchanalysieren.

»Wie kannst du dich nur so von deiner Mutter und deinen Schwestern bedienen lassen?«, regte ich mich auf. »Glaubst du etwa, dass du etwas Besseres bist, nur weil du ein Mann bist?«

Eran tat, als wüsste er überhaupt nicht, wovon ich redete.

»Ich lass mich doch überhaupt nicht bedienen«, erwi-

derte er gereizt. »Was erzählst du denn für einen Blöd-
sinn.«

»Ach so, du findest das alles so selbstverständlich,
dass du gar nicht merkst, dass deine Mutter dir den Hin-
tern hinterherträgt«, motzte ich ihn an.

Eran nahm die Fernbedienung, zappte sich durch die
verschiedenen Sportkanäle und ignorierte mich.

Auf endlose deutsche Beziehungs-Diskutiererei, wie
er es so oft bei Paaren in Berliner Cafés beobachtet hatte
und abscheulich fand, hatte er gar keine Lust. Aber ich
schäumte vor Wut, und nichts konnte mich jetzt noch
bremsen.

»Glaub nur nicht, dass ich mir von dir so ein Beneh-
men jemals gefallen lassen werde!«, brüllte ich ihn an.
»Deine Pascha-Allüren kannst du bei anderen ausleben,
aber nicht bei mir.«

Eran schwieg stur und guckte Basketball. Dass er
mich nicht beachtete, machte mich rasend.

»Dann suche ich mir doch lieber einen deutschen
Mann«, drohte ich.

Keinerlei Reaktion. Jetzt war ich in Zugzwang geraten. Bloß nicht klein beigeben und diesen Streit verlieren, dachte ich mir. Sonst wird er mich in Zukunft auch
wie seine Haussklavin behandeln.

Wir realisierten beide nicht, dass wir uns mitten in
unserem ersten heftigen Culture Clash befanden. Und
keiner wollte nachgeben.

Ich stürmte aus dem Wohnzimmer ins Gästezimmer,
stopfte alle meine Klamotten in den Koffer, steckte das
Flugticket und den Pass in meine Umhängetasche und
schleppte alles durchs Wohnzimmer, an Eran vorbei, zur
Eingangstür.

Eran behandelte mich immer noch so, als sei ich Luft für ihn. Das regte mich inzwischen noch viel mehr auf als sein Pascha-Gehabe gegenüber der Mutter und den Schwestern.

»Gut, du hast es ja nicht anders gewollt«, zischte ich ihn mit rotem Kopf an und schlug die Wohnungstür krachend hinter mir zu. Draußen auf dem Flur wartete ich zwei Minuten, aber er kam mir nicht hinterhergestürzt.

Ich trug den Koffer durchs Treppenhaus hinunter ins Erdgeschoss und lief heulend zur Hauptstraße, um mir ein Taxi zum Flughafen heranzuwinken. So hatte ich mir den Abschluss meiner ersten, frisch verliebten Israelreise mit Eran nicht vorgestellt.

Gerade in dem Moment hielt ein Bus neben mir an der Haltestelle, und Erans jüngere Schwester Lior stieg aus. Sie blieb schockiert stehen, als sie mich tränenüberströmt mit meinem Koffer am Straßenrand stehen sah.

»Dein Bruder ist ein reaktionäres, patriarchalisches Arschloch«, schluchzte ich ihr unter Tränen entgegen. »Ich fliege zurück nach Berlin.«

Zum Glück war Lior nicht so aufbrausend wie ich und auch nicht so stur wie ihr Bruder. Sie umarmte mich beruhigend, bis ich nicht mehr ganz so schlimm zitterte, dann ging sie mit mir ins nächste Café. Sie bestellte uns beiden je einen extragroßen Cappuccino und jede Menge kleine, süße Dattelplätzchen.

»Was ist passiert?«, fragte sie endlich. Geduldig hörte sie zu, während ich ihr schilderte, was für ein ätzender und gemeiner Typ ihr geliebter großer Bruder sei.

Eigentlich sagte sie kaum etwas, sondern ließ mich einfach nur die ganze Zeit reden, bis ich mich wieder abreagiert hatte. Dann schaute sie mir in die Augen und erklärte bestimmt, dass weder ihre Mutter noch sie und ihre Schwester sich von Eran unterdrückt fühlten.

»Er kommt nur einmal im Jahr nach Hause, und da freuen wir uns so sehr, dass wir ihn einfach nur verwöhnen wollen«, erklärte sie. »Wir vermissen ihn den Rest des Jahres ganz schön doll.«

So richtig überzeugt hatte sie mich mit dieser Erklärung nicht, aber inzwischen war mein Wutanfall verpufft. Es tat mir leid, dass ich Eran in der Wohnung seiner Mutter so angebrüllt hatte. Ich schämte mich ein bisschen für meinen Ausraster. In Berlin war Eran eigentlich nie so paschahaft. Er kochte oft und spülte nach dem Essen immer das Geschirr ab. Vielleicht bekam er die Balance zwischen westlicher Freundin und orientalischer Mutter nicht so ganz auf die Reihe, überlegte ich.

Wir gingen zurück zur Wohnung der Mutter. Eran saß immer noch vor dem Fernseher und tat, als sei nichts gewesen zwischen uns. Den Rest des Nachmittags verbrachte ich stumm neben ihm vor der Glotze und schaute israelische Kochsendungen, während Lior und ihre Mutter Karten spielten und fröhlich auf Hebräisch miteinander palaverten.

Abends, nach dem Ende des Schabbats, fuhr ich mit Eran zurück nach Tel Aviv. Wir haben nie über unseren ersten Culture Clash gesprochen.

Manchmal, wenn Leute mich fragen, wie es möglich ist, mit einem Menschen aus einer völlig anderen Kultur in einer Beziehung zu leben, überlege ich, wie es wäre, wenn ich einen Nachbarssohn aus der Düsseldorfer Vorstadt geheiratet hätte. Wir hätten verdammt viele Gemeinsamkeiten gehabt, aber ich hätte mich garantiert mit ihm zu Tode gelangweilt.

3. Eran unterm Weihnachtsbaum

Es ist nicht so, als ob nur die Familientreffen im Heiligen Land reichlich Stoff für kulturelle Missverständnisse bieten würden. Auch die Besuche bei meinen Eltern führen immer wieder zu kleineren kulturellen Katastrophen. Dabei bemühen sie sich wirklich, interreligiös-aufgeklärte Schwiegereltern zu sein.

Als junge Naturwissenschaftler haben meine Eltern mehrere Jahre in einer kleinen Universitätsstadt an der amerikanischen Ostküste gelebt und geforscht. Sie sind viel gereist und grundsätzlich offen gegenüber Menschen aus anderen Kulturkreisen. Mein Vater Werner hat als Biologieprofessor oft mit Kollegen aus anderen Ländern zusammengearbeitet. Meine Mutter Charlotte, die eigentlich auch Biologin ist, hat nach einer längeren Kinderpause das Fach gewechselt und unterrichtet nun Deutsch als Fremdsprache an der Volkshochschule. Sie hat täglich mit Schülern aus aller Herren Länder zu tun und ist so leicht nicht aus der Fassung zu bringen. Aber natürlich ist es noch einmal etwas anderes, wenn die älteste Tochter den Schwiegersohn in spe vorstellt – egal ob er aus Iserlohn oder Israel kommt. Wobei das Fettnäpfchen-Potenzial bei einem exotischen »Macker«, wie mein Vater die Freunde meiner jüngeren Schwester und mir stets leicht abschätzig zu nennen pflegte, doch noch etwas größer ist.

Als ich Eran das erste Mal nach Hause brachte und vorstellte, hatten meine Eltern sich extra vorher das Buch »Was ist koscher?« von Paul Spiegel, dem ehemaligen Präsidenten des Zentralrats der Juden, gekauft. Es schien ihnen klar zu sein, dass Eran mehr war als nur der nächste Lebensabschnittsgefährte. Deutsch-gewissenhaft studierten sie den Ratgeber, um nichts falsch zu machen mit dem zukünftigen jüdischen Schwiegersohn.

Meine Mutter, kurze graue Haare und goldene Nickelbrille, hatte sich für den Abend richtig fein gemacht. Sie trug ihre schicke beige Hose und eine bunt geblümte Bluse, die wir gemeinsam in New York gekauft hatten. Mein Vater hatte seine braune Cordhose an und ein hellblaues Oberhemd. Seine blonden Locken ließen sich wie üblich nicht richtig bändigen. Beide wirkten etwas nervös, aber auch neugierig, als sie uns die Tür öffneten und Eran freundlich auf Englisch begrüßten. Eran seinerseits war auch nicht ganz wohl in seiner Haut. Er hielt meine Hand wie einen Rettungsring fest und versuchte, sich hinter mir zu verstecken. Vergeblich, denn er ist über einen Kopf größer als ich und doppelt so breit. »Augen zu und durch«, dachte ich mir und zerrte Eran ins Haus.

Zur Feier des Tages hatte meine Mutter den Tisch im Esszimmer und nicht wie sonst in der Küche gedeckt. Sie hatte eine gestärkte weiße Tischdecke aufgelegt, das alte Silberbesteck herausgeholt und das geerbte blaue Service mit dem idyllischen Kuhweiden-Motiv gedeckt, das sonst nur an Feiertagen benutzt wurde. Eran war der beste Platz vorbehalten, neben dem Bücherregal mit Blick in den Garten auf die blühenden Fliederbüsche und den sich dahinter anschließenden Rübenäckern, Pferdeweiden und sanften Hügeln des beginnenden Bergischen Landes.

Zum Abendessen servierten meine Eltern stolz grüne Bohnen mit Rosmarinkartoffeln und ... Trommelschlag ... koscherer Lammkeule. Ich wagte nicht zu fragen, wo sie die koschere Keule aufgetrieben hatten, denn Düsseldorf ist beileibe nicht als Mekka der jüdischen Metzgerei bekannt. Bestimmt hatten sie tagelang recherchiert und weder Mühe noch Geld gespart, um dieses rare Stück Fleisch zu kredenzen. Doch Eran wusste die Bemühungen meiner Eltern überhaupt nicht zu schätzen. Er stopfte jede Menge Kartöffelchen und Bohnen in sich hinein, das gute Stück Fleisch aber ließ er unangerührt auf seinem Teller liegen. Wie unangenehm mir das war!

»Ich mag kein Lamm«, teilte er mir nonchalant mit, als ich fragend auf die Fleischscheibe am Tellerrand deutete. In Israel ist es nicht weiter schlimm, wenn man nicht alles isst, was einem auf den Teller gehäuft wird. Wer seinen Teller leer macht, kriegt sofort eine neue Ladung draufgehievt, man will auf gar keinen Fall, dass der Gast hungrig nach Hause geht. Doch bei meinen Eltern zu Hause wird der Teller leer gegessen, komme was da wolle. Alles andere ist ein Sakrileg. Als Kind musste ich einmal drei Stunden vor einer Schüssel mit Gemüsesuppe sitzen, weil ich sie widerlich fand und nicht essen wollte. Am Schluss habe ich das Gemüse heimlich in eine Serviette gespuckt und auf dem Klo heruntergespült.

Wer bei uns zu Hause Reste auf dem Teller liegen lässt, bekommt hundertprozentig Hungergeschichten aus der Nachkriegszeit zu hören: Wie meine Mutter als Kind jeden Tag Brennnesseln suchen musste, die dann zu Babybrei verkocht an meine Tante verfüttert wurden, weil es sonst nichts zu essen gab im zerbombten Darmstadt. Und wie sie selbst täglich nur eine einzige Mahlzeit bekam, eine Art Haferbrei, der, gespendet von den Amerikanern, in ihrer Schule verteilt wurde und aus dem ihr regelmäßig kleine Würmer entgegenguckten. Trotz Riesenekel wurde sie dazu gezwungen, den vermadeten Brei hinunterzuwürgen.

Aus Taktgefühl hielten sich meine Eltern bei Eran trotz seiner Essenssperenzchen zurück und setzten ihn nicht direkt mit ihren Kriegstraumata unter Druck. Das macht sich bei Juden einfach nicht so gut. Auch wenn sie konsterniert waren, dass er das Highlight des Abendessens, die extra für ihn geschmorte koschere Keule, nicht wenigstens einmal aus Höflichkeit probieren wollte. Sie bemühten sich, Erans Fleisch-Fauxpas zu überspielen, und strahlten, als er wenigstens beim Dessert zweimal um Nachschlag von der Mousse au Chocolat bat. Es freute sie, dass Eran ihren Spätburgunder lobte (dabei hatte Eran keine Ahnung von Wein, aber ich hatte ihn vorher entsprechend gebrieft) und sich kundig mit meinem Vater über einige der israelischen Romane unterhielt, die er im Regal entdeckt hatte.

Nach dem Essen setzten wir uns gemütlich zusammen ins Wohnzimmer, tranken noch einen Absacker, und meine Eltern erzählten über ihre Zeit in den USA Anfang der Siebzigerjahre, von den Hippies auf dem Campus der University of Virginia in Charlottesville, von meiner Geburt dort und wie auch sie sich damals manchmal fremd gefühlt hatten. Eran entspannte sich zunehmend und lachte über die Anekdoten meiner Eltern. Ich verbuchte den gelösten Small Talk erleichtert als Zeichen der gegenseitigen Sympathie. Der erste gemeinsame

Abend war trotz der verschmähten Lammkeule einigermaßen entspannt über die Bühne gegangen.

Als wir kurz nach Mitternacht ins Bett gingen, musste ich dann aber doch noch ein kulturelles Debriefing mit Eran durchexerzieren.

»Was haben deine Eltern eigentlich für eine übertriebene Nachrichtenfixierung?«, fragte er, während er seine Hose auszog.

»Hä?«, erwiderte ich schläfrig. »Wovon redest du?«

Tatsächlich hatten wir alle zusammen vor dem Abendessen die Acht-Uhr-Nachrichten geschaut. Es musste viel passieren, damit meine Eltern die abendlichen TV-News ausfallen ließen. Aber von Fixierung zu sprechen fand ich übertrieben. In ganz Deutschland gucken jeden Abend Millionen Menschen die »Tagesschau«. Das ist hier einfach so, sagte ich ihm.

»Na, aber ist dir nicht mal aufgefallen, wie obsessiv deine Eltern die ›Tagesschau‹ gucken? Das ist ja völlig absurd«, erklärte er und machte nach, wie sowohl meine Mutter als auch mein Vater uns während der fünfzehn Minuten ständig angezischt hatten, leise zu sein.

»Dabei gab es doch überhaupt keine richtigen News«, erklärte er abschätzig. »Es fing an mit irgendwelchen irrelevanten Steuerreformen, ging weiter zu öden Dialogen im Bundestag und endete mit dem üblichen Wetterbericht: regnerisch und unbeständig.« Er leierte betont gelangweilt die Nachrichten herunter. »Trotzdem durften wir die ganze Zeit kein Wort sagen.«

Und dann erklärte er mir, was richtige Nachrichten sind. Natürlich die in Israel.

»Bei uns fangen die News wahlweise mit Selbstmordanschlägen, Kriegserklärungen oder getöteten Terroristen an«, erklärte er großspurig. »Aus dem Parlament wird nur berichtet, wenn die Abgeordneten sich gegenseitig verprügeln, und beim Wetter gibt es dramatische Bilder zu Wüstenstürmen, Hitzewellen oder Novemberüberschwemmungen.« Er zuckte mit den Schultern. »Deutsche Nachrichten sind echt langweilig.«

Eran hatte recht. Deutsche Nachrichten sind meistens langweilig. Und die »Tagesschau« ist meinen Eltern heilig. Keiner darf dazwischenreden, wenn der Nachrichtensprecher seinen Text vorträgt. Das war schon immer so. Besonders beim Wetterbericht am Ende. Das war auch schon bei meinen Großeltern so. Und ehrlich gesagt, ich fand das völlig in Ordnung. Schließlich wollte ich auch nicht verpassen, wenn für den nächsten Tag endlich mal Sonnenschein vorhergesagt wurde. Und meinetwegen konnte die Tagesschau bis in alle Ewigkeit mit Steuerreformen anfangen. Ein Hoch auf deutsche Stabilität und Langweiligkeit, während ringsherum die Kriege toben, dachte ich mir.

»Willst du etwa, dass bei uns die gleichen Zustände herrschen wie in Israel?«, fragte ich schlaftrunken, bevor ich das Licht ausmachte. Es hatte ja schließlich seine Gründe, dass Eran nicht in Israel leben wollte. Und bei aller Eitelkeit maßte ich mir nicht an, dass ich der einzige Grund war, weshalb Eran seiner Heimat den Rücken gekehrt hatte. Das war schließlich direkt nach dem Armeedienst gewesen, und da kannte er mich noch gar nicht.

Am nächsten Morgen schien wider Erwarten die Sonne, die Wetterprognose der »Tagesschau« hatte also ziemlich danebengelegen. Die Vögel zwitscherten friedlich in den

Ligusterhecken, und ich ging beschwingt in den Garten, um mich an den blühenden Azaleen zu ergötzen.

Doch, wie jeder weiß, soll man den Tag nicht vor dem Abend loben. Denn nur kurze Zeit später verloren meine Eltern dann doch beinahe noch die Fassung wegen Erans Befindlichkeiten. Wieder ging es ums Essen. Sprachlos sahen sie zu, wie Eran sich beim Frühstück zentimeterdick die Schweineleberwurst auf sein Brötchen schmierte und genüsslich hineinbiss. Dabei hatte er vor der Einladung extra ausrichten lassen, dass er kein Schweinefleisch essen würde. Als ich in die Küche ging, um die weich gekochten Eier zu holen, lief meine Mutter hinterher und flüsterte mir empört zu: »Warum isst er denn jetzt doch Schweinefleisch?«

Ich erwiderte wahrheitsgemäß, dass Eran in erster Linie kein Schweinefleisch mochte, wenn es in Gestalt eines Eisbeins oder Koteletts kam. Das sei eine jüdisch-psychologische Hemmschwelle für ihn. Der Leberwurst sehe man das Schwein nicht mehr an, während einem die Haxe fast noch vom Teller entgegenzugrunzen scheint, versuchte ich meiner Mutter die sonderbaren Essmanieren meines Freundes zu erklären. Eran wusste durchaus, dass der Aufschnitt in Deutschland meist vom Schwein war, aber das störte ihn nicht, solange er in verfremdeter Form von Streichwurst oder dünnen, runden Scheiben kam.

Meine Mutter guckte mich an, als wüsste sie nicht, wer hier eigentlich den Verstand verloren hatte. Eran, ich oder vielleicht inzwischen sogar sie und mein Vater? Dann murmelte sie leise etwas vor sich hin, was ich nicht verstehen konnte. Und das war vermutlich auch besser so.

Mein Vater hatte derweil fertig gefrühstückt, saß neben Eran und guckte ihm stumm beim Essen zu. Dass er sich direkt zwei große Tomaten nahm, diese mit dem Brotmesser statt dem Tomatenmesser, auf dem Porzellanteller statt auf dem Holzbrettchen zerschnitt, fand er nicht gut. Als Eran dann auch noch den Käse entlang der Rinde und nicht quer zur Rinde mit dem Buttermesser (!) abschnitt, guckte mein Vater wirklich verdrießlich. Nur um sich als Nächstes im Stillen darüber zu echauffieren, dass Eran zwei Eier nahm, obwohl die doch genau abgezählt waren. Für jeden gab es natürlich nur ein weich gekochtes Ei. Mein Vater schüttelte missbilligend den Kopf und ließ sich auch nicht besänftigen, als ich schnell erklärte, dass ich überhaupt kein Ei wolle. Missmutig stand er auf und ging hinüber in sein Arbeitszimmer.

Ratlos überlegte ich, wie ich hier vermitteln sollte. Eran frühstückte einfach so, wie es die Israelis tun. Von allem wird bei jedem Essen mindestens die dreifache Menge serviert, für vier Personen gibt es also mindestens zwölf Eier. Und jeder kann so viel essen, wie er mag. Je mehr man isst, umso glücklicher macht man den Gastgeber. Wenn nicht genug da ist, dann ist das der Fehler des Gastgebers, nicht der des Gastes. Wenn der Gast in Deutschland König ist, dann muss er in Israel mindestens Kaiser sein.

Wenig später erklang aus dem Arbeitszimmer meines Vaters gregorianischer Mönchsgesang. Eran guckte verdutzt, solch fremdartige Laute hatte er noch nie gehört, aber ich war erleichtert. Die CD mit den mittelalterlichen Chorälen besserte jedes Mal die Laune meines Vaters. Er hatte sich wohl wieder gefangen.

Auch meine Mutter hatte sich wieder beruhigt. Eran

saß inzwischen bei ihr in der Küche, die beiden plauderten fröhlich über einen möglichen gemeinsamen Familientrip nach Israel und planten schon Ausflüge ans Tote Meer, in die Wüste und nach Jerusalem.

Ich schnappte nach Luft: was für eine Horrorvorstellung! Schon nach einem Tag in meiner Dreifachrolle als Freundin, Tochter und Vermittlerin zwischen den Kulturen fühlte ich mich ausgelaugt und hätte mich am liebsten auf eine einsame Insel verzogen. Der Gedanke an stundenlange Autofahrten mit Eran und meinen Eltern durch Israel war nicht das, was ich mir unter einem entspannten Urlaub vorstellte.

Eran dagegen blühte richtig auf bei dem Gedanken an eine gemeinsame Reise in seine Heimat. Dann würde er direkt unsere beiden Familien miteinander bekannt machen können! Für ihn gibt es nichts Wichtigeres im Leben als Familie. Und das wiederum fanden meine Eltern richtig toll. Auf einmal waren sie von ihrem zukünftigen Schwiegersohn und seinen Familienwerten hellauf begeistert.

Ich hatte genug. Hektisch trieb ich Eran zum Aufbruch an. Ich wollte absolut verhindern, dass er und meine Mutter sich womöglich gleich noch an den Computer setzten und Flugtickets buchten. Das war eindeutig zu viel Mischpoke für meinen Geschmack.

Im Nachhinein bekam ich sowohl von meinen Eltern als auch von Eran ein positives Feedback, was das erste Kennenlernen anging. Man mochte sich. Nur die Tatsache, dass Eran die koschere Lammkeule ignoriert und stattdessen die Schweineleberwurst in sich hineingefuttert hatte, haben meine Eltern bis heute nicht wirklich verwunden.

Dabei war es gar nicht ihre erste Lektion in Sachen Kaschrut, den jüdischen Speisegesetzen. Kurz nach Abschluss meines Journalistenstudiums in New York kam der gerade achtzehnjährige Sohn meines ehemaligen Professors von der Columbia University für einen Sommer nach Berlin. Dave war strikt orthodox aufgewachsen, und seine Eltern machten sich Sorgen, dass er im Sündenpfuhl Berlin unter die Räder kommen würde. Also baten sie mich, ein Auge auf ihn zu werfen. Sprich: Nach kurzer, erfolgloser Zimmersuche zog Dave in meiner WG ein, begleitete mich zu meinen Freunden und ihren Partys und bat, auch am Wochenende einmal mit zu meinen Eltern fahren zu dürfen. Ich glaube, er sehnte sich nach Familienanschluss. Meine Eltern, man ahnt es schon, machten sich bereits damals größte Mühen, ein koscheres Mahl zu servieren. Es gab köstlichen Lachs mit Sahnesoße, und während wir um den Tisch saßen, prahlte meine Mutter, dass sie die Soße zu Ehren des Gastes sogar noch mit etwas Hummerbutter verfeinert hätte. Dave schaute meine Mutter völlig entsetzt an und spuckte dann den gesamten Inhalt seines Mundes mit lautem Gewürge auf den Teller. Meine Mutter war schockiert, angewidert und schuldbewusst zugleich. Sie hatte schlichtweg vergessen, dass Hummer als Krustentier den Juden verboten war.

Doch nicht nur bei orthodoxen Juden, auch bei säkularen Israelis kommt es immer wieder zu interessanten Situationen rund ums Essen. Jedes Mal, wenn wir in Berlin israelische Freunde zum Schabbat-Dinner einladen, frage ich vorsichtshalber, wie und in welcher Beziehung sich die Gäste momentan zum Kaschrut befinden. Mal essen sie kein Fleisch, das nicht ordentlich geschächtet wurde, dann wollen sie kein Schweinefleisch, dann wieder ist sämtliches Fleisch erlaubt, es darf aber nicht mit milchigen Produkten vermischt werden, also bitte kein Rahmgeschnetzeltes.

Die jüdischen Speisegesetze sind ziemlich komplex, aber eine der Grundregeln ist, dass man Fleischiges nicht mit Milchigem vermischen soll. Das geht zurück auf den biblischen Spruch »Du sollst nicht kochen ein Böcklein in der Milch seiner Mutter«. Für religiöse Juden heißt das auch, dass es zweierlei Geschirr gibt, eins für milchige Produkte und ein weiteres für Fleischiges. Wer Fleisch gegessen hat, muss bis zu sechs Stunden warten, bis er wieder Milchprodukte essen darf. Im umgekehrten Fall, also nach dem Genuss vom Milchigem, muss man eine Stunde warten, dann darf wieder Fleisch gegessen werden. Als dritte Variante kommen noch die sogenannten parven Produkte hinzu. Das sind Lebensmittel wie Gemüse oder Getreide, die sowohl mit fleischigem als auch mit milchigem Essen gegessen werden dürfen.

Während die Regeln für strenggläubige Juden klar definiert sind, hat jeder weltliche Jude, so kommt es mir zumindest manchmal vor, seine individuelle, flexible Auslegung des Kaschrut. Und wenn man zu goyischen, also nichtjüdischen Bekannten eingeladen wird, gibt man vorsichtshalber erst mal die strengste Variante an. Entspannen kann man ja später immer noch. Auch Eran ist stets innovativ, was die Speisegesetze angeht. Krustentiere beispielsweise schmecken so gut, dass er bei Shrimps nie widerstehen kann, obwohl diese weiß-Gott-nicht-koscher sind. Scholle und andere im Grund wühlende Fische würde er niemals anrühren, da nimmt er es sehr genau mit den Koscher-Verboten (in erster Linie aber nur, weil er sowieso keinen Fisch mag). Frühstücksspeck ist ihm auch zuwider, und er verdreht jedes Mal die Augen, wenn ich bei Brunch-Einladungen von amerikanischen Freunden eine Scheibe Bacon nach der anderen in mich hineinschlinge (schließlich kriege ich so etwas ja zu Hause nicht mehr).

Seit Erans denkwürdigem Antrittsbesuch bei meinen Eltern haben diese inzwischen ihre eigene, durchaus kreative Methode entwickelt, um mit seinen schwankend-koscheren Essgewohnheiten umzugehen. Ohne mit der Wimper zu zucken, bietet mein Vater Eran beim Abendessen den schweinischsten aller Schweinebraten an und fragt: »Möchtest du eine Scheibe vom Rinderbraten?« Und natürlich kann Eran einem guten Stück »Rinderbraten« nie widerstehen. Aber nicht, dass der Eindruck entsteht, Eran wüsste nicht auch, dass es sich in Wirklichkeit um Schwein handelt. Es geht einfach nur darum, dass Schwein nicht Schwein genannt werden darf – zumindest, wenn es lecker ist. Wenn Eran im China-Restaurant in Berlin-Charlottenburg Heißhunger auf Schweinerippchen hat, dann erklärt er mir beim Abknabbern der Knochen auch dort im Brustton der Überzeugung: »Wow, ist das Rindfleisch heute wieder saftig.«

Einmal abgesehen von den gewöhnungsbedürftig ausgelegten Speiseregeln, ist Eran im Großen und Ganzen sehr tolerant, sowohl was seine eigenen religiösen Gepflogenheiten angeht, als auch die seiner christlichen Schwiegerfamilie. So erklärte er sich bei unserem ersten gemeinsamen Weihnachtsfest in Deutschland sogar dazu bereit, meiner Mutter am Morgen des 24. Dezembers beim Aufstellen des Christbaumes zu helfen.

Man muss wissen, dass meine Eltern ihre Nordmann-tanne immer erst in allerletzter Minute, also viel zu spät kaufen. Dann gibt es natürlich Gemecker, dass der Baum zu klein, zu krumm, zu buschig oder schon halb abge-nadelt ist. Die besser organisierten Familien haben sich ihr Prachtexemplar nämlich schon Wochen vorher aus-gesucht, als es noch eine große Auswahl gab. Dafür ha-ben die Restposten mehr Charakter. Dennoch sorgt der unförmige Weihnachtsbaum dafür, dass der Familien-segen schon lange vor der Bescherung schiefhängt. Alle meckern am Aussehen der armen Tanne herum, und der Käufer des Baumes (entweder meine Mutter oder mein Vater) ist eingeschnappt wegen der harschen Kritik. Also wird Disengagement betrieben, und meine Mut-ter bemüht sich, die einzelnen, angespannten Mitglie-der der Nuklearfamilie auseinanderzuhalten. Meinen Vater schickt sie schnell noch mal zum Supermarkt, um kurz vor Ladenschluss das Baguette zum selbst gemach-ten Heringssalat zu besorgen, das sie bei ihrem früheren Einkauf vergessen hatte. Ich muss mich um die bunten Teller mit den Plätzchen und Pralinen kümmern, und meine Schwester glänzt durch Abwesenheit. Sie hat an-gerufen, dass sie noch eine weitere Schicht in der Frau-enklinik dranhängen muss, weil der Stationsarzt krank ist und sie daher erst später wegkann. Da kommt ein jü-discher Schwiegersohn, der völlig unvoreingenommen an die Vorbereitungen zu Heiligabend herangeht und nicht schon den Weihnachtsballast der Jahrzehnte mit sich schleppt, genau richtig.

Zu Beginn unserer Beziehung war Eran sogar gera-dezu enthusiastisch, was Weihnachten anging. Als wir das allererste Mal gemeinsam Weihnachten feierten, in

New York, war er die treibende Kraft hinter allen Vorbereitungen. Er freute sich wie ein kleines Kind. Auf dem Broadway feilschte er mit den Baumverkäufern begeistert um die Preise der größten kanadischen Tannen, als sei er auf einem orientalischen Markt. Er kaufte Unmengen von Christbaumschmuck ein und die wunderbarsten Geschenke für mich.

Ich dagegen schaute Heiligabend in New York eher mit gemischten Gefühlen entgegen. Der 24. Dezember war für mich schon immer ein Heimwehtag, wenn ich irgendwo in der Ferne unterwegs war und wusste, dass meine Eltern und meine kleine Schwester sich gerade ohne mich um den Baum versammelten, Kerzen anzündeten, Lieder sangen und Massen von selbst gebackenen Kokosmakronen und Spekulatius in sich hineinstopften.

Insgeheim attestierte ich Eran außerdem einen krassen Fall von Weihnachtsneid, oder Christmas envy, wie er bekanntlich alle Jahre wieder bei amerikanischen Juden auftritt. Während der Rest des Landes im ultimativen Konsumrausch schwelgt, Geschenke austauscht und Truthahn verspeist, gehen die New Yorker Juden an Weihnachten erst ins Kino und anschließend ins China-Restaurant. Sicherlich keine schlechte Tradition, aber doch kein Vergleich zum amerikanischen Weihnachtskitschprogramm samt Kirchgang, Rudolf dem Rentier und prallgefüllten Socken, die vom Kaminsims herabhängen.

Als ich sah, wie Eran in unserer Manhattaner Miniküche auch noch anfing, Vanillekipferl zu backen, fragte ich dann doch, ob das alles nicht ein wenig übertrieben war. Er war beleidigt.

»Wir Israelis haben keinen Weihnachtsneid«, erklärte

er bestimmt. »Wir wachsen unter anderen Juden auf und sind zum Glück keine Minderheit mehr, die sich an Weihnachten wie Menschen zweiter Klasse fühlen muss. Ich möchte einfach nur ein schönes Weihnachtsfest mit dir zusammen feiern«, sagte er mit treuherzigem Blick und zog mich zu sich heran. »Du sollst doch an Weihnachten kein Heimweh haben müssen.«

Eran war einfach wirklich nur ein ganz lieber Schatz. Und ich war diejenige mit den abwegigen Hintergedanken. Reuevoll schwor ich mir, nie wieder fiese Mutmaßungen über Erans bikulturelle Offenheit anzustellen.

Auch bei seinem ersten Weihnachtsfest in Düsseldorf half Eran meiner Mutter mit vollstem Engagement. Zuerst suchte er zwei Stunden lang mit ihr den Weihnachtsbaumhalter. Mein ungeduldiger Vater wäre schon längst ausgerastet, aber nun musste er sich ja nicht mit den Chaos-Genen meiner Mutter herumschlagen, sondern konnte sich stattdessen genüsslich dem Aufbau seiner Krippe widmen. Als sich der Halter endlich gefunden hatte (wahlweise im Hobbyraum, der Garage oder hinter den Bücherkisten in meinem alten Kinderzimmer), kam die nächste Herausforderung: Der Baum musste im Halter fixiert werden. Aus mir unerfindlichen Gründen ist das sehr schwierig. Ich muss jedoch gestehen, dass ich mich schon als Teenie immer vor dem Weihnachtsbaum-Aufstellen gedrückt und Tannennadelallergie vorgeschoben hatte und meine jüngere Schwester stets für diesen undankbaren Job herangezogen wurde. Aber die hatte inzwischen ihre Lehren aus den alten Qualen gezogen und kam immer erst in letzter Minute zur Bescherung, dann, wenn sie sicher war, dass der Baum bereits fertig geschmückt im Wohnzimmer stand.

Eran musste also den Baumstamm in den Halter, Modell Siebzigerjahre, einspannen und dabei zentimeterweise hin und her rücken nach den peniblen Anweisungen meiner Mutter, die entweder fand, dass der Baum zu weit nach links, rechts oder zu sehr nach vorne geneigt stand. Er musste den Baum mal neunzig Grad gegen den Uhrzeigersinn, dann wieder dreißig Grad im Uhrzeigersinn um seine eigene Achse drehen, damit die unvorteilhaften Astlücken und die Krümmung des Stammes nicht zu sehen waren. Anschließend half er, die Bienenwachskerzen zu befestigen und Holzanhänger, Strohsterne, kleine rote Äpfelchen und den alten, selbst gemachten Weihnachtsschmuck von meiner Schwester und mir aus Kindergartenzeiten aufzuhängen.

Nachdem Eran diesen doch sehr deutschen Initiationsritus mit Bravour gemeistert hatte, legte er sich erschöpft auf den Teppich neben den Baum, um zu verschnaufen. Just in dem Moment klingelte sein Handy, ein israelischer Freund war am Apparat. Und während Eran ihm noch erzählte, dass er gerade den Christbaum unter den minutiösen Anweisungen der Schwiegermutter aufgebaut hatte, gab der altersschwache Halter seinen Geist auf, und der Baum fiel mit großem Gekrache direkt auf Eran, der hysterisch anfing, auf Hebräisch ins Telefon zu schreien.

»Hilfe, ich bin vom Christbaum erschlagen worden«, brüllte er. Aus dem Handy erklang das gellende Gelächter seines Freundes.

Eran schrie wie ein angestochener Ochse. Er versuchte sich unter dem Baum herauszuwinden, aber das klappte nicht. Von allen Seiten piksten ihn die Nadeln, eine Kerze stoch ihm ins Gesicht, der dicke, krumme Stamm lag quer über seinen Beinen.

Meine Mutter schrie auch.

»Eran liegt unterm Weihnachtsbaum«, kreischte sie.

Der Satz ist mittlerweile in die Familienannalen eingegangen.

Sie rief mich zu Hilfe: »Kirsten, wir müssen den Weihnachtsbaum von Eran herunterrollen.«

Ich hatte das ganze Theater aus sicherer Entfernung im Nebenzimmer beobachtet und mich zunächst amüsiert, als ich meinen jüdischen Freund unter dem Weihnachtsbaum liegen sah. Welch eine Ironie des Schicksals. Erst als ich merkte, dass Eran sich tatsächlich nicht allein befreien konnte, fing er an, mir leidzutun. Dann wurde mir klar, dass meine Mutter nicht nur Mitleid für Eran, sondern auch Sorge um ihren Baum hatte. Der sollte bei der Rettungsaktion möglichst nicht versehrt werden. Also rannte ich hinüber ins Wohnzimmer, und wir rollten den Baum gemeinsam von Eran herunter. Ich bemühte mich, Eran so wenig wie möglich wehzutun, meine Mutter bemühte sich, den Baum so wenig wie möglich zu beschädigen. Als wir Eran endlich befreit hatten, kroch er fluchend und zerstochen in die am weitesten entfernte Ecke des Wohnzimmers. Meine Mutter gab ihm ein paar Minuten Zeit, um seine Wunden zu lecken. Dann forderte sie ihn freundlich, aber bestimmt auf, den Weihnachtsbaum noch einmal aufzustellen und dieses Mal den Stamm bitte besser im Halter zu fixieren.

Bei aller interreligiösen Liebe, auf solch ein exklusiv christliches Erlebnis hätte Eran dann doch gerne verzichtet. Von seinem vermeintlichen Weihnachtsneid war er ein für alle Mal geheilt.

4. Aris Vorhaut

Als Miri geboren wurde, waren Eran und ich stillschweigend erleichtert, dass sie ein Mädchen war. Wir konnten das Thema der Beschneidung umschiffen. Drei Jahre später holte es uns dann aber doch ein. Das Ultraschallbild zeigte eindeutig, dass unser nächstes Kind ein Junge sein würde. Ari wollten wir ihn nennen.

Acht Tage nach der Geburt soll ein jüdischer Junge beschnitten werden. Es gibt eine Zeremonie mit Familie und Freunden, bei welcher der Beschneider, oder Mohel, die Vorhaut des Penis abschneidet. Das Beschneidungsritual, die sogenannte Brit Mila, gilt in der Bibel als Zeichen des Bundes, den Abraham und Gott miteinander besiegelten. Die Beschneidung wird seit Jahrtausenden an allen männlichen Nachkommen vollzogen und ist ein essenzieller Bestandteil des Judentums, den selbst nichtreligiöse Juden wichtig finden. So heißt es denn auch im ersten Buch Moses: »Und wo ein Mannsbild nicht wird beschnitten an der Vorhaut seines Fleisches, des Seele soll ausgerottet werden aus seinem Volk.«

Auch wenn Ari nicht jüdisch im orthodoxen Sinne sein würde, Eran fand, er solle beschnitten sein. Genauso wie er selbst. Ich dagegen stand der Beschneidung äußerst skeptisch entgegen. Der Gedanke, dass irgendjemand an Aris Körper herumschnippeln würde, war mir alles andere als geheuer.

Eran versuchte, mich davon zu überzeugen, dass die Beschneidung für jüdische Männer unerlässlich sei. Er macht die Brit Mila von Ari zu seinem persönlichen Anliegen.

»Es ist mir einfach wichtig, dass diese Tradition auch in der Generation nach mir weiterbesteht. Ich will nicht der Letzte gewesen sein, Ari soll auch dazugehören«, sagte er, und um den Druck noch weiter zu erhöhen, setzte er hinzu: »Gerade weil wir hier in der Diaspora leben, ist es wichtig, dass Ari sich jüdisch fühlt, und dazu gehört nun mal auch die Beschneidung.«

»Aber es würde ihm bestimmt furchtbar wehtun«, wagte ich einzuwenden. »Und was, wenn dem Mohel das Messer abrutscht?«

In meinem Kopf liefen schon seit Wochen diverse Horrorszenarien zum Thema ab.

»Wir müssen es ja nicht zu Hause von einem Mohel machen lassen, sondern können es von einem Arzt im Jüdischen Krankenhaus im Wedding durchführen lassen«, bot Eran mir kompromissbereit an.

Ich schwieg. Egal ob Mohel oder Krankenhaus, die gesamte Prozedur war mir zutiefst suspekt, und ich wollte sie unserem noch ungeborenen Kind auf keinen Fall antun.

Theoretisch unterstützte ich zwar das Recht auf freie Beschneidung und verstand auch, warum Eran Aris Beschneidung so viel bedeutete. Aber persönlich hatte ich einfach riesige Angst davor, und in verschiedenen Internetforen hatte ich gelesen, was bei dem Eingriff alles grauenhaft schiefgehen könnte. Zudem hatte ich schon oft die Schilderungen von jüdischen Müttern gehört, die, kaum vom Wochenbett aufgestanden und noch randvoll mit Hormonen, heulend zusammenbrachen, wenn sie sahen, wie das Blut vom kleinen Penis ihres frisch geborenen Sohnes tropfte. Jedes Mal, wenn Eran mit mir die Beschneidung planen wollte, versuchte ich möglichst schnell, das Thema zu wechseln.

Dann, als ich noch mit Ari schwanger war, urteilte ein Kölner Gericht überraschend, dass es sich bei der Beschneidung von Jungen aus religiösen Motiven um Körperverletzung handele und diese daher strafbar sei. Jüdische und muslimische Jungen durften in Deutschland nicht mehr beschnitten werden.

Konkret ging es um den Fall eines vierjährigen muslimischen Jungen, der zwei Tage nach dem Eingriff mit schweren Blutungen ins Krankenhaus eingeliefert worden war. Die Richter schrieben in dem Urteil, dass das Recht des Kindes auf Unversehrtheit das Erziehungsrecht der Eltern und deren Grundrecht auf Religionsfreiheit überwiege. Die Rechtsprechung schlug in Deutschland hohe Wellen. In einer unheiligen Allianz begrüßten Antisemiten und Islamophobe das Urteil. Ganz ungewohnt profilierten sie sich als Vorreiter für den körperlichen Schutz von kleinen jüdischen und muslimischen Jungen, die sie bislang immer nur aus dem Land jagen wollten.

Tag acht kam und ging, Aris Vorhaut blieb dran, denn wir hätten ihn nur illegal beschneiden lassen können. Das schien es auch Eran nicht wert zu sein. Ich war erleichtert, wenngleich auch schuldbewusst, dass ich ungewollt auf den Beistand von Rassisten baute, um Aris Beschneidung zu verhindern.

Erans Mutter ließ die Vorhaut auch keine Ruhe. Bei

jedem Anruf fragte sie als Letztes, ob ihr Enkelsohn, der einzige Sohn ihres einzigen Sohnes (meines Mannes), denn endlich beschnitten sei.

»Keine Chance«, antwortete ich jedes Mal und freute mich dabei innerlich, sie in ihre Schranken weisen zu können, denn ich fand, Aris Vorhaut war Privatsache und ging sie wirklich nichts an. »Das ist ja verboten in Deutschland.«

Aber so schnell gibt eine jüdische Großmutter nicht auf, schon gar nicht, wenn es um den Stammhalter geht. Als wir mit Ari zum ersten Besuch in Israel landeten, er war damals gerade drei Monate alt, wartete Dana schon ungeduldig in der Ankunftshalle des Flughafens auf uns. Sie riss mir Ari sofort aus den Armen und küsste ihn von oben bis unten ab. Dabei nannte sie ihn immer wieder ganz verzückt »Melech sheli« oder »mein König«. Ari war nicht nur der Stammhalter, sondern auch ihr neuntes und jüngstes Enkelkind. Und dann hatte er noch diese strahlend blauen Augen und blonden Löckchen. Dana war hin und weg von ihrem Enkelsohn. Nur dieser kleine Makel, der unbeschnittene Schniedel, der störte sie gewaltig. Doch das ließ sich ja ändern.

Schon auf der Autobahnfahrt vom Flughafen zu ihrer Wohnung in Rischon Le Ziyon teilte sie uns mit, dass sie mit einem Mohel gesprochen hätte. Der könne die Prozedur problemlos während unseres Urlaubs in Israel vollziehen.

»Er hat sogar freundlicherweise einen Termin für Ari freigehalten«, verkündete die Großmutter triumphierend. »Nächsten Dienstag kommt er nachmittags bei mir zu Hause vorbei. Ich habe auch schon die ganze Familie eingeladen, damit es ein richtiges Fest wird.«

Ich war sprachlos. Gerade noch hatte ich mich in (wenngleich moralisch fragwürdiger) Sicherheit gewägt, dass sich niemand mehr an Aris Penis vergreifen würde, da ging diese elendige Beschneidungsdiskussion schon wieder los. Verzweifelt umklammerte ich Ari, der von diesen Schicksalsfragen zum Glück nichts mitbekam, sondern leise in seinem Kindersitz vor sich hinbrabbelte und aus dem Autofenster guckte.

Nachdem ich mich von meinem ersten Schreck über die von Dana geplante Beschneidungsfeier erholt hatte, fing ich an, mich aufzuregen. Ich fand es im höchsten Maße empörend, wie sich Erans Mutter in unsere Angelegenheiten einmischte und hinter unseren Rücken eine Brit-Mila-Feier für Ari organisiert hatte, ohne vorher unsere Zustimmung einzuholen. Das hätten meine Eltern niemals gewagt! Aber vermutlich hatte Dana schon geahnt, dass ich protestieren würde, und nun versuchte sie einfach, uns vor vollendete Tatsachen zu stellen.

Ich stand kurz davor, in den Ring zu steigen, um Aris Vorhaut gegen die forschen Avancen seiner Oma mit voller Power zu verteidigen, da griff Eran ein. Er hatte wohl gemerkt, dass ich innerlich kochte über die Chuzpe seiner Mutter. Zu meiner grenzenlosen Erleichterung und einiger Verwunderung, stellte er sich auf meine Seite, obwohl er ja Ari eigentlich auch beschnitten haben wollte. Es sei nicht sinnvoll, unserem Sohn den ersten Israel-Urlaub mit Penisschmerzen zu verderben, sagte er und erklärte das Thema damit für beendet. Die Großmutter grummelte wütend, aber sonst sagte sie nichts. Wenn sie Ari abends in der Badewanne abduschte, sah ich ganz genau, wie sie dem unbeschnittenen Glied ihres Enkelsohns missbilligende Blicke zuwarf. Das ignorierte ich jedoch und war ausnahmsweise sehr zufrieden damit, dass die patriachalischen Strukturen in Israel noch besser funktionierten als bei uns zu Hause und Dana daher dem Willen ihres Sohnes nicht widersprach.

Das Brit-Mila-Fest wurde abgesagt, stattdessen wurden wir zum Grillen bei Erans älterer Schwester Efrat in Kfar Saba, nördlich von Tel Aviv eingeladen. Schwestern, Nichten, Schwäger und sonstige entfernte Verwandte waren alle gekommen, um Ari willkommen zu heißen. Sie waren hingerissen von ihm und beglückwünschten die Oma zu ihrem neuen Enkelkind. Eran hielt Ari stolz für ein paar Minuten auf dem Arm, bis die Oma ihm den kleinen Jungen wieder wegriss. Dann hielt sie die flache Hand mit der Innenseite nach außen vor die Stirn und murmelte immer wieder »Hamza, Hamza«. Dabei schaute sie Efrats Nachbarin finster an. Sie war überzeugt, dass die ältere Dame, die schon seit Jahren vergeblich auf ein Enkelkind wartete, neidisch war. Sie glaubte, dass ihre übertriebenen Lobhudeleien in Wirklichkeit getarnte Flüche waren und den bösen Blick beziehungsweise das Unglück auf Ari ziehen würde. Mit ihren »Hamza, Hamza«-Murmeleien wollte sie Ari vor dem vermeintlichen bösen Blick der Nachbarin schützen. Schnell sprach Dana auch noch einige kurze Gebete hinterher, um drohendes Unheil für ihren jüngsten Enkelsohn ganz sicher abzuwenden. Ich hielt mich im Hintergrund, schaute mir das Spektakel interessiert an und ließ mir von der vierjährigen Miri übersetzen, was die lieben Verwandten und Bekannten sonst so zu sagen hatten.

Natürlich regten sich alle furchtbar darüber auf, dass in Deutschland die Beschneidung verboten worden war und vermuteten ewig gestrige Nazi-Seilschaften hinter dem Gerichtsbeschluss. Wenn mich jemand nach meiner Meinung zum Verbot fragte, antwortete ich ausweichend und wechselte, mal wieder schnell das Thema. Ich hatte Sorge, dass irgendjemand noch mal auf die Idee kommen würde, eine Brit Mila in Israel vorzuschlagen. Doch Ari überstand die Wochen in Israel unbeschadet und hatte auch auf dem Rückflug seine Vorhaut noch nicht verloren.

Als wir wieder in Deutschland waren, fuhr ich am folgenden Wochenende nur mit den Kindern zu meinen Eltern. Gemeinsam mit meiner Schwester, ihrem Mann und ihren beiden kleinen Töchtern saßen wir alle auf der Terrasse und genossen einen milden Abend im Mai. Meine Eltern hatten Spargel gekocht, es gab dazu neue Kartöffelchen mit geschmolzener Butter und gekochtem Schinken. Ich entspannte und fühlte mich wohl in der vertrauten Umgebung. Es war gut, wieder zu Hause zu sein.

Doch kaum hatte ich während des Abendessens angefangen, von unserem Israel-Urlaub und der heimlich geplanten Brit-Mila-Feier von Erans Mutter zu erzählen, war es vorbei mit der Harmonie. Meine gesamte deutsche Familie regte sich unisono furchtbar über die Chuzpe der israelischen Großmutter auf. Wie konnte sie es wagen, sich so ungefragt in unsere Angelegenheiten zu mischen! Meine Eltern und meine Schwester hatten Erans Familie bei der Hochzeit kennengelernt, und eigentlich hatten sich alle sehr gut miteinander verstanden und respektvoll verhalten. Auch wenn sie sonst immer sehr deutsch-zurückhaltend in ihren Beurteilungen über Erans Familie waren, zur Beschneidung hatten sie eine ungewöhnlich dezidierte Meinung, und mit der hielten sie diesmal auch nicht hinter dem Berg. Sie fanden die Prozedur unmöglich und überflüssig. Dass die Oma versucht hatte, uns hintenrum eine Brit Mila unterzujubeln, machte sie geradezu fassungslos. Keiner von ihnen sprach es aus, aber alle dachten es: So etwas wäre bei uns in Deutschland nie passiert. Zum Glück wohnten unsere deutschen und israelischen Anverwandten auf verschiedenen Kontinenten, sodass die diversen Kulturkonflikte nie direkt zwischen den beiden Sippen ausgetragen wurden.

»Die Entscheidung gegen eine Beschneidung hat wirklich nichts mit Antisemitismus oder Antiislamismus zu tun«, sagte meine Schwester Friederike, die Ärztin war. »Medizinisch gesehen ist der Eingriff völlig überflüssig und sinnlos und birgt höchstens Risiken bei der OP in sich.«

Meine Eltern, als Naturwissenschaftler ebenfalls skeptisch eingestellt, was religiöse Rituale anging, pflichteten Friederike bei. Sie fanden auch, dass man die Traditionen hintanstellen müsse, wenn es um das Kindeswohl und Recht auf Unversehrtheit ging.

Ich konnte meine Eltern und Schwester absolut verstehen, und innerlich pflichtete ich ihnen auch bei. Aber irgendwie fand ich ihre Argumentationsweise zu rational. Auf einmal fühlte ich mich hin- und hergerissen zwischen den beiden Familien. Trotz meiner eigenen Opposition konnte ich nachvollziehen, weshalb das Ritual so wichtig war für Eran und seine Familie. Und ich hätte mir in dieser Situation von meiner Familie mehr Verständnis für Erans kulturelle Traditionen gewünscht – was ich ihnen natürlich auch sofort mitteilte. Unversehens hatte ich mich in die Rolle einer Beschneidungsrechtsverteidigerin manövriert, obwohl ich doch eigentlich strikt dagegen war, dass Ari beschnitten wurde. Aber vielleicht verteidigte ich in Wirklichkeit auch nur Eran vor meinen Eltern, beziehungsweise meine Entscheidung, Eran als meinen Lebenspartner ausgesucht zu haben – in seiner ganzen Irrationalität und kulturellen Andersartigkeit.

»Ach, Kirsten«, seufzte meine Mutter, eher bekümmert als irritiert von meiner plötzlichen Verteidigung der Brit Mila. »Manchmal ist es nicht einfach, wenn man immer so zwischen zwei Kulturen hängt, oder?«

Damit hatte sie mal wieder ins Schwarze getroffen. Wir beendeten das Thema und machten uns über die gezuckerten Erdbeeren her, die es zum Nachtisch gab. Die ersten deutschen Erdbeeren der Saison, natürlich schmeckten sie viel besser als die Importware aus den Gewächshäusern in Spanien und Holland. Ich grinste, als meine Eltern von den Erdbeeren schwärmten. Auch sie hatten ihre, vergleichsweise harmlosen Rituale, und die alljährlichen Lobpreisungen der deutschen Erdbeer- und Spargelernte gehörten sicherlich mit dazu.

Die Beschneidungsdebatte ging weiter. Auch in der öffentlichen Debatte in Deutschland zeigte sich, dass die Beschneidung ein Reizthema war. In bislang ungekannter Einigkeit verbündeten sich Muslime und Juden und kämpften gemeinsam für ihr Recht auf Beschneidung. Ihnen gegenüber standen deutsche Moralapostel, die das Thema als eines ihrer größten ethischen Besorgnisse entdeckt hatten. Sie allen waren auf einmal zu Kinderadvokaten geworden, denen die körperliche Unversehrtheit des Minderheitennachwuchses mehr als alles andere am Herzen lag. Plötzlich hatte jeder eine Meinung zur Beschneidung. Auch unsere Freunde und Bekannten zeigten reges Interesse für das umstrittene bisschen Haut unseres Sohnes und teilten uns ihre Überzeugungen jederzeit ungefragt mit.

Eine behandelnde Kinderärztin ließ uns wissen, dass wir Ari für den Rest seines Lebens traumatisieren würden, wenn wir seinen Penis »verstümmeln« lassen würden. Guten Sex würde er nach dem Eingriff ohnehin niemals haben können. Verunsichert fragte ich Eran, ob sich Millionen jüdischer Männer beim Geschlechtsverkehr durch die fehlende Vorhaut, auf lateinisch Präputium penis genannt, wirklich gehandicapt fühlten. Er versicherte, dies sei nicht der Fall, es handle sich schlicht um ein weiteres, von Antisemiten in die Welt gesetztes Gerücht.

Auch meine amerikanischen Kollegen im Berliner Redaktionsbüro zeigten große Anteilnahme. Viele von ihnen, auch die Christen, waren bei der Geburt im Krankenhaus aus medizinisch-hygienischen Gründen beschnitten worden, so wie es früher in den USA üblich war. Als betroffene Experten rieten sie mir, die Bedeutung des Themas bei der jugendlichen Identitätssuche nicht zu unterschätzen.

So hatte ein Kollegensohn, der in einem US-Militärkrankenhaus in Rheinland-Pfalz direkt nach der Geburt beschnitten worden war, seinem Vater erklärt, dass er selbst einen »amerikanischen Penis« habe. Dieser sähe nämlich aus wie der von Daddy und nicht so wie die Penisse seiner Berliner Schulkameraden. Ich müsse aufpassen, so die Kollegen, dass es zwischen Eran und Ari nicht irgendwann zu einer Entfremdung wegen eines unterschiedlich aussehenden Genitals käme. Schließlich sei Eran das Vorbild schlechthin für Ari, in jeder Beziehung.

Andere Freunde wiederum empfahlen uns das genaue Gegenteil. Sie warnten, dass Ari später in der Schule stigmatisiert werden würde, wenn er als Einziger ein beschnittenes Glied hätte. Eine fehlende Vorhaut könnte ihn zum Außenseiter in Deutschland machen. Schließlich waren wir völlig entnervt und verunsichert von den vielen gut gemeinten aber unerbetenen Ratschlägen.

Als letzte Instanz in diesem Durcheinander wandte sich Eran an einen befreundeten Rabbiner und bat ihn um Rat. Er traf sich mit ihm in einem koscheren Café in Mitte auf einen Cappuccino und berichtete von unserem Dilemma. Der Rabbiner war ein Pragmatiker.

»Lass deinen Sohn auf jeden Fall beschneiden«, riet er Eran. »Wenn er sich irgendwann dazu entscheiden sollte, offiziell zum Judentum überzutreten, dann muss bei der Konvertierung auf jeden Fall die rituelle Beschneidung vollzogen werden. Ist er bereits beschnitten, dann muss der Mohel den Penis nur noch einmal symbolisch anritzen. Wenn die Vorhaut aber noch ganz dran ist, dann muss alles ab – und das ist für einen erwachsenen Mann noch viel schmerzhafter als fürs Baby.«

Eran dankte dem Rabbiner für seine kluge Voraussicht. Zudem hatte er genau die Antwort bekommen, die ihm gefiel. Und meine Argumente zogen nun auch nicht mehr. Ich würde ja schließlich meinen Sohn nicht noch größeren Schmerzen im Erwachsenenalter aussetzen wollen, argumentierte Eran mir gegenüber.

Irgendwann, als Ari fast ein Jahr alt war, durfte in Deutschland wieder beschnitten werden. In einem Bundestagsbeschluss sprachen sich die Parlamentarier mit großer Mehrheit dafür aus, den Ritus, der für die Ausübung der Religion unverzichtbar sei, wieder gesetzlich

zu erlauben und die Beschneidung nicht länger zu krimi-
nalisieren.

Widerstrebend rief ich beim Jüdischen Krankenhaus
an, um einen Termin für Ari abzumachen. Ich konnte
mein Glück kaum fassen, als der Arzt mir sagte, dass
man mit der Beschneidung, wenn sie nicht am Neuge-
borenen vollzogen werde, warten müsse, bis die Jungs
zwei Jahre alt seien. Und dann müsse der Eingriff unter
Vollnarkose gemacht werden.

Inzwischen ist Ari sechs Jahre alt. Er hat noch immer
seine Vorhaut. Mein Mann mag weder Krankenhäuser
noch Narkosen. Und ich habe die Beschneidung nie wieder angeschnitten.

5. Miris braune Haut

Als Miri ein Jahr alt wurde, ergatterten wir mit viel Mühe und persönlichen Briefen an die Kita-Leitung einen der begehrten Kindergartenplätze im kinderreichen Prenzlauer Berg. Wir nannten die Kita unter uns »P-Berg Central«, denn sie lag im tiefsten Herzen des Hipster-Kiezes. Wenn die Eltern morgens um acht ihre Kinder ablieferten, waren sie schon so durchgestylt, als seien sie allesamt aus einem Modekatalog geklettert. Die Kinder kamen fast durchweg aus gut situierten Familien. Die Eltern waren Rechtsanwälte, hochrangige Ministeriumsangestellte, Journalisten und Universitätsprofessoren. Einwandererfamilien gab es hier keine, höchstens Expats. Das sind auch Ausländer, aber solche aus westlichen Ländern, die gute Jobs haben und den Aufenthalt in der Fremde als bereichernd empfinden. Um Türken, Araber oder Flüchtlingskinder zu finden, musste man ein paar Kilometer weiter nach Westen in den Wedding fahren.

Miri lebte sich schnell ein in der Kita. Wir waren zufrieden, bis sie eines Tages, im zarten Alter von drei Jahren, nach Hause kam und sagte, dass sie keine braune Haut mehr haben wolle. Das sei hässlich. Nun muss man wissen, dass Miri ein sehr hübsches Mädchen ist. Sie hat große braune Rehaugen und glänzendes dunkelbraunes

Haar. Ihre Haut ist samtig weich und hat die Farbe eines Cappuccinos mit viel Milch.

Wir waren schockiert. Tatsächlich war Miri das einzige Kind in ihrer Gruppe, das nicht blond und blauäugig war. Selbst der italienische Junge Matteo, Sohn eines Akademikerpaares aus Rom, sah aus wie ein kleiner Arier. Aber wie konnte ein Mädchen mit drei Jahren schon Selbsthass empfinden, nur weil sie anders als ihre Spielkameraden aussah?

Am nächsten Morgen brachten wir Miri gemeinsam in die Kita. Ihre Erzieherin Mandy saß an einem der kleinen Tische und schnippelte Rohkost. Die BH-Träger guckten unter dem weit ausgeschnittenen gelben Neonshirt hervor, ebenso wie ihr riesiges Schmetterlingstattoo im Nacken. Miri liebte Mandy und fand auch ihre Tattoos (es gab weitere Tribal-Tattoos an den Unterschenkeln und Armen) wunderschön.

»Mandy, wir müssen reden«, sagte ich zu ihr. »Ohne Kinder.«

»Nu, sicher«, antwortete sie.

Sie hievte ihren wuchtigen Körper hoch und führte uns in den leeren Turnraum nebenan. Mandy war Mitte zwanzig und hatte es irgendwie aus ihrem sächsischen Heimatdorf in die Großstadt geschafft. Ihren Dialekt hatte sie bei ihrer Landflucht nicht abgelegt.

»Weißt du, ob irgendein Kind Miri geärgert hat?«, fragte ich sie. Eran schwieg und versuchte seine Antipathie, so gut es ging, zu unterdrücken. Er fand unmöglich, wie sie sich anzog.

»In Israel würden Erzieherinnen nie ihre Brüste halb raushängen lassen«, hatte er mir schon mehrmals empört mitgeteilt, wenn er Miri von der Kita abgeholt hatte, jeweils mit detaillierten Beschreibungen von Mandys neuesten Outfits. Aber manchmal war Eran einfach prüder als der deutsche Normalo-Vater. Er verstand auch nicht den Reiz von FKK-Baden und Nacktwandern.

Mandy schüttelte den Kopf. »Nee, keiner hat Miri geärgert.«

»Miri kam gestern nach Hause und hat uns gesagt, dass ihre Hautfarbe hässlich ist und sie weiße Haut haben möchte«, erklärte ich Mandy. »Weißt du, ob irgendein Kind sie wegen ihrer Hautfarbe gehänselt hat?«

Mandy guckte mich mit ausdruckslosem Gesicht an. »Nee.«

Hmm, ich versuchte eine andere Strategie.

»Vielleicht könntet ihr ja einfach mal das Thema Multikulti drannehmen«, schlug ich vor. »Ihr habt doch auch noch Matteo mit seinen italienischen Eltern, Anna mit ihrer norwegischen Mutter und Jacques mit seinem französischen Vater in der Gruppe. Wie wäre es, wenn alle Kinder Spezialitäten aus den Heimatländern ihrer Eltern mitbringen würden«, sagte ich und bemühte mich um einen lockeren Ton. »Miri könnte Hummus und eine CD mit israelischen Kinderliedern mitbringen.«

Je mehr Vorschläge ich machte, umso ablehnender wirkte Mandy.

»Bestimmt wären die Kinder ganz stolz, wenn sie ihre zweite Kultur vorstellen könnten«, versuchte ich Mandy verzweifelt zu begeistern.

»Nee, das geht nicht«, antworte Mandy.

Wenigstens sagte sie endlich was.

»Wir nehmen als nächstes Thema Körperteile durch, und danach kommen die Jahreszeiten dran«, erklärte sie. »Wenn wir jetzt etwas ganz anderes dazwischenschieben, kommen wir durcheinander. Außerdem müssen wir unseren Zeitplan erfüllen. Und jetzt muss ich wirklich wieder zurück und die Selleriestangen klein schneiden.«

Sie quetschte ein Lächeln heraus und ging zurück zu ihrem Rohkostteller.

Eran und ich guckten uns an.

»Du kannst dir alle weiteren Bemühungen sparen«, raunte er mir halb triumphierend, halb besserwisserisch zu. »Das hab ich dir doch schon vorher gesagt.«

Eran konnte Mandy, wie gesagt, eh nicht leiden. Aber ich glaubte nicht, dass Mandy unsere Tochter wegen ihrer Hautfarbe absichtlich schlechter als die anderen Kinder behandelte. Ich glaubte sogar, dass sie Miri gerne mochte. Sie hatte einfach keinerlei Bewusstsein für das Thema und war damit überfordert, unser Anliegen aufzugreifen und durch irgendwelche Aktivitäten in der Kita umzusetzen. In den USA führen Schulen und Kindergärten Diversity-Trainings durch. Das heißt, sie erziehen die Kinder der Mehrheitsgruppe bewusst dazu, Kinder einer Minderheit, die eine andere Hautfarbe, Herkunft oder Religion haben, nicht auszugrenzen. Alle Kinder sollen lernen, Vorurteile zu überwinden beziehungsweise diese gar nicht erst aufzubauen. Für Mandy war schon allein das Wort »Diskriminierung« ein Fremdwort, das sie nicht verstand. Anti-Rassismus-Training ging einfach viel zu weit über ihren Horizont hinaus. Von Mandy konnten wir keine Erklärungen oder Hilfe erwarten, was Miris Probleme mit ihrer Andersartigkeit anging.

Ratlos und unverrichteter Dinge gingen wir wieder nach Hause und hofften, das Problem würde durch Nichtbeachtung unsererseits verschwinden. Natürlich war das eine naive Vorstellung. Als wir kurz darauf zu Besuch in Israel waren, weigerte sich Miri, ihre sonst so geliebte Oma am Flughafen bei der Begrüßung zu umarmen. »Savta hat ganz hässliche braune Haut, ich will die gar nicht anfassen«, sagte sie und schaute die Großmutter angewidert an. Glücklicherweise verstand Erans Mutter kein Deutsch.

Savta, was auf Hebräisch Oma heißt, war tatsächlich noch um einiges dunkler als Miri. Als junges Mädchen war sie, wie schon gesagt, mit ihrer Familie aus dem Iran nach Israel eingewandert. Davor hatte die Familie seit ungezählten Generationen in Persien gelebt, die jüdische Gemeinde dort zählte zu den ältesten der Welt. Wie bei den meisten persischen Juden und auch bei Eran, war Savtas Haut ebenso olivbraun wie die der Araber, Nordafrikaner oder Griechen.

Wir rätselten weiter, was der konkrete Auslöser für Miris Hautfarbenfixierung sein konnte. Einige Wochen nach unserer ergebnislosen Kita-Aussprache gingen wir an einem Samstagvormittag zum Weinbergpark in Mitte. Oben, auf der Kuppe des Hügels, liegt ein wunderbarer Spielplatz mit Trampolinen, Schaukeln, Rutschen und Klettergerüsten. Miri rannte direkt hinüber zu einem Karussell im riesigen Sandkasten. Am liebsten blieb sie so lange auf dem kleinen Karussell sitzen, bis sie einen Drehwurm hatte und nicht mehr gerade gehen konnte, wenn sie endlich wieder herunterkam. Bis zu vier Kinder konnten auf den runden Holzbänkchen sitzen, während ein weiteres Kind neben dem Karussell herlief und es immer schneller antrieb. Ich hatte mich etwas weiter weg auf eine Parkbank in der Sonne gesetzt und las die Zeitung, während Eran in Miris Nähe blieb und ein Auge auf sie hielt. Plötzlich hörte ich Eran laut in einer Mischung aus Deutsch und Englisch sprechen, er klang aufgebracht.

Ich guckte hoch von meiner Zeitung und sah, wie er, Miri an der Hand, mit einem Elternpaar diskutierte, das wiederum zwei Mädchen im Grundschulalter neben sich stehen hatte. Ich ging hinüber, um herauszufinden, was passiert war. Die Eltern sahen wie typische Mitte-Bewohner aus. Akademiker mit teuren Sonnenbrillen im Haar, hippen Klamotten und angesagten Markenturnschuhen. Ihre gesamte Körperhaltung gegenüber Eran drückte herablassende Arroganz aus, so als würden sie sich für etwas Besseres halten.

Der Vater ging Eran scharf an. »Unsere Kinder haben nichts gemacht, was wagst du es, uns hier so anzuschreien?«

Ich konnte es nicht leiden, wenn fremde Leute Eran einfach duzten, nur weil er kein perfektes Deutsch sprach und anders aussah als sie. Als ich bei dem Grüppchen angekommen war, Miri an die andere Hand nahm, Eran demonstrativ einen Kuss gab und ihn dann auf Englisch fragte, was los sei, guckte mich das Elternpaar überrascht an. Anscheinend hatten sie nicht erwartet, dass der ausländische Mann eine deutsche Frau haben könnte.

»Die beiden Mädchen haben Miri nicht mit aufs Karussell gelassen«, sagte Eran wütend. »Sie haben ihr gesagt, dass Ausländer nicht mitspielen dürfen.«

»Wie kommt ihr denn überhaupt darauf, dass unsere Tochter eine Ausländerin ist«, sprach ich die beiden blond bezopften Mädchen an und ignorierte erst mal die Eltern.

»Na, die hat die ganze Zeit so eine komische Sprache

mit ihrem Vater gesprochen, die wir gar nicht verstanden haben«, sagte das jüngere Kind. Die Eltern drucksten herum, jetzt konnten sie schlecht leugnen, dass ihre Töchter versucht hatten, Miri auszugrenzen.

»Miri«, ich beugte mich hinunter zu unserer Tochter. »Hast du mit Papa Hebräisch gesprochen, oder was meinen die beiden Mädchen hier?«

Miri nickte stumm, sie war eingeschüchtert und verletzt. Sie sprach immer Hebräisch mit Eran und verstand nicht, weshalb die beiden sie deshalb nicht hatten mitspielen lassen.

Ich drehte mich den Eltern zu. Und siehe da, auf einmal wirkten die beiden ganz kleinlaut. Ihre Überheblichkeit war verschwunden. Und zwar exakt in dem Moment, als sie verstanden hatten, dass Eran mit Miri Hebräisch gesprochen hatte, er also ein Israeli sein musste und kein türkischer oder arabischer Immigrant, wie sie wohl vorher vermutet hatten.

In der Hackordnung der Ausländer in Deutschland stehen weiße Europäer und Amerikaner ganz oben. Muslimische Einwanderer aus dem Nahen Osten sind sehr weit unten, sogar noch hinter den Afrikanern. Nur die Roma, die Zigeuner, stehen noch tiefer, sie bilden den Bodensatz der Gesellschaft. Israelis dagegen rangieren ziemlich weit oben, dem Holocaust und deutschen Schuldgefühlen sei gedankt.

»Wir würden unseren Kindern niemals beibringen, andere Menschen auszugrenzen«, beeilte sich der Mann denn nun auch zu sagen. »Das müssen sie aus der Schule haben.«

Und die Mutter sagte schnell: »Klara und Greta, ihr dürft doch das kleine Mädchen nicht ausschließen.«

»Wir haben natürlich nichts gegen Ausländer«, sagte sie dann zu uns.

»Das freut mich«, gab ich zurück. »Nur, wir sind gar keine Ausländer. Unsere Tochter ist waschechte Berlinerin, hier geboren und aufgewachsen. Sicherlich kennen Sie auch noch andere binationale Familien in Berlin.«

»Natürlich, natürlich, wir haben sogar Freunde aus aller Welt hier in Berlin«, pflichtete mir der Vater schleunigst bei.

»Es ist uns wirklich unerklärlich, was hier eben passiert ist, aber wir werden natürlich mit unseren Töchtern darüber sprechen«, ergänzte seine Frau, sichtlich unwohl in ihrer Haut.

Die beiden verabschiedeten sich und verließen dann schnell mit ihren Töchtern den Spielplatz.

»Bionade-Biedermeier« hat »Die Zeit« die vermeintlich kosmopolitischen Spießer vom Prenzlauer Berg und dem angrenzenden Mitte-Kiez vor Jahren treffend getauft. Sie trinken nur Öko-Limonade, kleiden ihre Kinder in nachhaltig produzierte, skandinavische Markenklamotten und fühlen sich dabei wohlig-links, weltoffen und selbstzufrieden. In Wirklichkeit sind sie aber in ihrer reaktionären Verhaltensweise und dem engstirnigen Weltbild, das sie während ihrer westdeutschen Kleinstadtidyllen-Kindheit verinnerlicht haben, kaum zu übertreffen.

Logisch, dass ein fremdländischer, dunkler Mann auf dem Kinderspielplatz nicht in ihre sorgsam aufgebaute, heile Welt passt. Dieses Gefühl, dass Fremde Eindringlinge sind, hatten sie anscheinend, ob bewusst oder unbewusst, auch schon an ihre Kinder weitergegeben. Rassismus ist eben nicht nur ein Problem der ungebildeten Rechtsextremisten am Rande der Gesellschaft.

Wer weiß, wie oft Miri auch schon in der Kita von anderen Kindern subtil oder ganz offen die Message bekommen hatte, dass sie nicht gleichwertig war, weil sie anders aussah. Mit ihren drei Jahren konnte sie diese Erfahrungen natürlich noch nicht artikulieren und hoffte, wenn sie nur genauso aussehen würde wie all die blonden, blauäugigen und weißhäutigen Kinder, dann würde sie voll und ganz dazugehören.

Letztendlich haben wir nie herausbekommen, was die konkrete Ursache für Miris Selbsthass war. Aber trotzdem versuchten Eran und ich natürlich, Miris Minderwertigkeitskomplexen bezüglich ihres undeutschen Aussehens bewusst entgegenzusteuern. Wir ließen keine Gelegenheit aus, die schöne braune Hautfarbe und das wellige, dunkle Haar zu preisen. Wir zitierten Martin Luther King Junior in Ermangelung vergleichbarer deutscher oder israelischer Bürgerrechtler. Eran spielte Miri amerikanische Rap-Songs über Black Pride vor und übersetzte die Liedertexte. Von amerikanischen Freunden ließen wir uns Multikulti-Kinderbücher mit Titeln wie »It's Okay to Be Different« mitbringen. Langsam entspannte sich Miris Abneigung gegenüber der eigenen Andersartigkeit.

Als Miris Einschulung anstand, suchten wir gezielt eine Grundschule an der Grenze zwischen Prenzlauer Berg und dem Wedding aus, die von Kindern unterschiedlichster Herkunft besucht wurde. Nach ein paar Wochen schon fühlte Miri sich pudelwohl. Die Hautfarbe blieb dennoch weiterhin ein Thema. Mehr als einmal zählte sie auf, wie viele ihrer Klassenkameradinnen braune Haut hatten und ob deren Haut dunkler oder heller als die eigene war. Immerhin war sie nun nicht mehr die Einzige, die anders war. Über die Hälfte der Kinder waren sogenannte MMHs: Menschen mit Migrationshintergrund.

An dem Tag, als der südafrikanische Freiheitskämpfer Nelson Mandela starb, erzählten wir Miri am Abendbrottisch, wie er sein Leben lang heldenhaft für die von den Weißen unterdrückte schwarze Bevölkerung in Südafrika gerungen hatte. Als ich sie anschließend ermahnte, endlich ins Bett zu gehen, konterte sie umgehend: »Jetzt versuchen die Weißen schon wieder, die Braunen herumzukommandieren.«

6. Vertreibung aus dem Paradies

Wie viele andere junge Israelis hat auch Eran sein Heimatland direkt nach dem dreijährigen Armeedienst verlassen und ist nie wieder richtig zurückgekehrt.

Als Soldat der israelischen Elite-Brigade Golani musste er tage- und nächtelang in versteckten Erdlöchern im Südlibanon ausharren. Immer mit dem Finger am Abzug für den Fall, dass ein Terrorist sich durch sein Fadenkreuz in Richtung israelischer Grenze schleichen sollte. Er musste mit seiner Einheit im Gazastreifen und in den palästinensischen Dörfern in der Westbank militärische Operationen durchführen. Noch heute erzählt er mit Horror in den Augen davon, wie die Bewohner von Gaza-Stadt ihre Kühlschränke aus den Hochhäusern auf ihn und seine Kameraden heruntergeworfen haben, als sie durch die engen Straßenschluchten marschierten.

Nach ein paar Monaten in der Armee hatte Eran alle Illusionen und seine jugendliche Unschuld verloren. Neidisch blickte er nach Europa, wo die Gleichaltrigen ihr Leben an den Universitäten genossen. Sie feierten und lernten und begriffen gar nicht, wie privilegiert sie waren, dass sie in Frieden aufwachsen durften. Eran fühlte sich um seine Jugend betrogen. Erst jetzt begriff er, dass er in der Schule jahrelang indoktriniert worden war, um ihn auf seine heldenhafte Zeit in der Armee vorzubereiten. Er war nicht länger stolz darauf, dass er als einer von ganz wenigen Männern in eine berühmte Eliteeinheit aufgenommen worden war. Und im letzten Jahr seines Wehrdienstes weigerte er sich, weiterhin an Operationen in den besetzten Gebieten teilzunehmen. Als Konsequenz wurde er von einem Militärgericht zu mehreren Wochen Haft in einem Militärgefängnis verurteilt, bevor er unehrenhaft aus der Armee entlassen wurde. Die Zeit im »Bunker« gehörte zu den angenehmsten Wochen seines Wehrdienstes, sagt er.

»Ich habe im Gefängnis von morgens bis abends Bücher gelesen«, erzählte er neulich unseren Kindern beim Abendessen. »Und ganz viel geschlafen.«

Ari vergaß vor lauter Schreck, von seinem Butterbrot abzubeißen, und Miri verschluckte sich an ihrer Milch. Ihr Vater in einem Gefängnis – wie war das möglich? Sie dachten, nur Einbrecher, Diebe und Mörder müssten ins Gefängnis, und das zu Recht. Wie sollten sie verstehen, dass ihr Vater ein guter Mensch war und trotzdem, oder vielleicht gerade deswegen, im Gefängnis gelandet war? Eran und ich bemühten uns mehr schlecht als recht um eine kindgerechte Erklärung.

»Aba wollte nicht kämpfen«, versuchte ich es und benutzte dabei das hebräische Wort für Papa. »In Israel gibt es aber immer wieder Krieg, deswegen müssen alle, auch die Frauen, nach der Schule in die Armee.«

»Und wer sich in der Armee weigert zu kämpfen, der muss in Israel ins Gefängnis«, ergänzte Eran. Er hatte die Arme verschränkt und seine Schüssel mit den klein geschnittenen Tomaten und Gurken beiseitegeschoben. Das Thema hatte ihm den Appetit verschlagen.

»Musstest du denn beim Kämpfen auch auf andere

Menschen schießen?«, fragte Miri und guckte Eran verstört an. Wie immer traf sie mit ihren Fragen genau ins Schwarze.

Eran guckte mich hilflos an, ich ihn, dann Ari, der auf seinem Stuhl saß und ein Gesicht machte, als würde seine kleine, heile deutsche Kinderwelt gerade zerbrechen.

»Nein, das musste Aba nicht«, sagte ich schnell.

Eran sagte nichts.

Miri schwieg skeptisch. Dann stand sie auf, holte sich einen Donald-Duck-Comic aus ihrem Zimmer und verschwand für die nächsten zwanzig Minuten im Bad. Sie wollte mit dem Thema nichts mehr zu tun haben.

Ari saß immer noch ganz still auf seinem roten Tripp-Trapp-Kinderstuhl. Das Butterbrot lag weiter unberührt auf seinem hellblauen Teddy-Teller. Vom Krieg hatte er schon gehört. Ich hatte ihm über die vielen syrischen Flüchtlinge erzählt, die vor den Bomben geflohen und auf kleinen Gummibooten über das Mittelmeer nach Europa gekommen waren. Weil bei uns Frieden war. Er wusste, dass Krieg ganz schlimm war, aber das hatte doch nichts mit unserer Familie und Israel zu tun.

Im Gegenteil, Ari erzählte uns immer wieder gerne, dass er viel lieber in Israel wohnen würde als in Berlin. In seiner Vorstellung würde er dort den ganzen Tag bei seiner Oma auf dem Bett sitzen, Dora-the-Explorer-Cartoons im Fernsehen gucken und von der Oma mit Apropos, seinen israelischen Lieblingschips, gefüttert werden. So wie er es tagelang im Urlaub in Israel machte. Außerdem erzählte ihm die Oma andauernd, dass Israel das tollste Land der Welt sei. Sie ließ keinerlei Kritik an Israel zu. Dass die Oma außerdem jede Nacht das Armeeradio neben ihrem Bett laufen ließ, weil sie schnellstmöglich über den nächsten Krieg oder Raketenangriffe aus Gaza Bescheid wissen wollte, das verstand er noch nicht. Zum Glück.

Eran konnte die schwere Stille am Tisch nicht mehr ertragen. Er stand auf, ging hinüber zu Ari, nahm ihn auf seinen Arm und fing an, ihm hebräische Kinderlieder vorzusingen. Bald ließ Ari sich ablenken, fing wieder an zu lachen und mitzusingen. Aber die ersten Zweifel waren gesät. Immer wieder fragte er Eran nach dem Gefängnis, der Armee, dem Krieg und dem Tod. Immer wieder suchte Eran vergeblich nach Worten, weil er seinen fünfjährigen Sohn vor der Wahrheit schützen, ihn aber auch nicht belügen wollte.

Die Sehnsucht nach Frieden hat Eran zu einem Juden in der Diaspora gemacht. Mittlerweile ist er länger im Ausland, als er je in Israel gelebt hat. Er kann sich nicht vorstellen, wieder nach Israel zu ziehen, solange dort keine politische Lösung für den Konflikt zwischen Arabern und Juden gefunden worden ist. Die Hoffnung auf Frieden hat er aber schon lange verloren. Genauer gesagt, am Abend des 4. November 1995, als der israelische Ministerpräsident Jitzchak Rabin bei einer großen Friedenskundgebung in Tel Aviv von einem rechts-religiösen Fanatiker ermordet wurde. Eran war dort, als es geschah. Noch in der gleichen Nacht ließ er sich das Wort OSLO auf seinen linken Oberarm tätowieren. In Gedenken an den Osloer Friedensprozess, der Israelis und Palästinenser seit 1993 näher an ihren Traum vom Frieden gebracht hatte als jemals zuvor – oder jemals danach. Manchmal sehe ich den inzwischen schon etwas verblichenen Schriftzug auf Erans Arm, wenn er abends seine Klamotten auszieht, und muss unwillkürlich an einen Grabstein denken. Nach dem Tod von Rabin geriet der Friedensprozess ins Stocken. Und Eran kehrte nach ein paar Monaten in Israel, in denen er dort als Journalist gearbeitet hatte, wieder zurück nach New York. Weiterhin auf der verzweifelten Suche nach Frieden.

Trotz aller schmerzlichen Enttäuschung lässt die alte Heimat Eran aber auch nicht für einen Moment los. Er beginnt jeden Tag mit einem morgendlichen Blick auf die Schlagzeilen der israelischen Zeitung »Ha'aretz« auf seinem Handy. Er weiß eindeutig mehr über israelische als über deutsche Innenpolitik. Der israelische Radiosender »Galgalatz« läuft den ganzen Tag in seinem Restaurant und abends bei uns zu Hause. Wir sind besser über die Staus auf der Ayalon-Stadtautobahn in Tel Aviv als auf dem Berliner Ring informiert. Beim letzten Krieg tönten alle paar Minuten schrille Sirenen aus dem Radio, um uns zu informieren, wann und wo die nächste Rakete einschlagen würde. Nach dem Alarm sagte der Radiosprecher jedes Mal mit betont ruhiger Stimme, wie viel Minuten Zeit man noch hatte, um sich im nächstgelegenen Bunker in Sicherheit zu bringen.

Wegen der immer wiederkehrenden gewaltsamen Konflikte haben fast alle Häuser und Wohnungen in Israel einen Bunkerraum, der in Friedenszeiten oft als Gästezimmer oder Speisekammer dient. Wenn die Sirenen losgehen, muss man also nicht erst nach draußen in einen öffentlichen Bunker rennen, sondern schließt zu Hause einfach die schwere Stahltür zum kleinen fensterlosen Bunkerraum, dessen Wände und Decke auch mit Stahl verstärkt sind.

Jedes Mal, wenn wir in Israel sind, schiebe ich bei

Einladungen zu Freunden einen Toilettenbesuch vor und mache mich dann diskret auf die Suche nach ihrem Bunkerraum. Man weiß ja nie … Wobei ich mir nicht wirklich vorstellen kann, wie ein Stahlgerüst um einen Raum den Kollaps des Zimmers verhindern soll, wenn dort tatsächlich eine Rakete einschlagen würde.

Glücklicherweise waren wir bislang immer nur in einigermaßen friedlichen Zeiten in Israel. Und beim letzten Krieg haben wir kurzfristig unsere Flugtickets storniert und sind stattdessen nach Holland gefahren. Zehn Tage zwischen Kühen, Grachten, Dauerregen und grünem Gras waren das ultimative Kontrastprogramm. Es hätte nicht friedlicher sein können. Abgesehen davon, dass Eran unablässig auf seinem Handy die aktuelle Kriegsberichterstattung verfolgte und mir dann ungefragt die neuesten Updates von der Front durchgab. Zwischendurch riefen auch mal seine Mutter und die Schwestern an, denen es bald zu stickig wurde in ihren Bunkern und die stattdessen auf ihre Balkons hinausgingen, um die Einschläge der Kassam-Raketen in der Nachbarschaft zu beobachten. So wie wir an Silvester um Mitternacht das Feuerwerk anschauen.

Seine Hassliebe zu Israel hat Eran auch nach all den Jahren im selbst gewählten Exil nicht überwinden können. Wenn wir in den Ferien nach Israel fliegen, freuen die Kinder und ich uns auf sonnige Urlaubstage am Strand und entspannte Grillabende bei den Verwandten. Doch für Eran ist alles viel komplizierter.

Wenn er vom Flugzeug aus die Küste Israels erkennen kann, wird er von Emotionen überwältigt. Sein Herz klopft. Kindheitserinnerungen kommen hoch. Hier ist er zur Welt gekommen, und hier hat er die ersten 21 Jahre seines Lebens verbracht. Auch nach mittlerweile fast drei Jahrzehnten im Ausland ist Eran immer noch durch und durch Israeli. Sabra, so nennen sie im hebräischen Slang die in Israel geborenen Menschen. Der Spitzname kommt von den überall am Straßenrand wachsenden Sabra-Feigenkakteen. Die Früchte der Wüstenpflanze sind außen stachelig und hart, ihr Inneres ist zart und süß. So wie man es auch den Israelis nachsagt.

In unserer ersten Woche in Israel ist Eran euphorisch. Gleich nach unserer Ankunft fahren wir zu Abu Hassan in Jaffa, im Süden von Tel Aviv. Das arabische Restaurant macht den besten Hummus im ganzen Land. Es liegt an einer engen, steilen Straße, die hoch in die arabischen Wohnviertel von Jaffa führt. Schon morgens um acht stehen die Menschen hier auf dem schmalen Bürgersteig Schlange. Juden und Muslime, bunt gemischt, miteinander plaudernd, als hätten sie nichts zu tun mit dem Dauerausnahmezustand im Rest des Landes.

»Viermal Massabacha komplett mit scharfer Soße, Zwiebeln und Traubensaft für alle«, bestellt Eran für uns bei dem arabischen Kellner, der ihn jedes Jahr wiedererkennt und freundlich begrüßt, als sei er erst gestern auf einen Teller Hummus vorbeigekommen. Massabacha ist Hummus, also Kichererbsenpüree mit Sesamsauce und Knoblauch, vermischt mit ganzen Kichererbsen. Es wird warm serviert und mit Pitabrot oder Zwiebelhälften aufgelöffelt, Besteck ist überflüssig.

Der gesamte Nahe Osten ist besessen von Hummus, und natürlich wird auch hier gestritten, in welchem Land es den besten Hummus gibt und wer überhaupt den Hummus erfunden hat. Die Israelis nehmen die Erfindung des Hummus genauso für sich in Anspruch wie die Libanesen und die Syrer. Alle versuchen sich gegenseitig mit den größten Hummusplatten zu übertrumpfen, um ihr Land ins »Guinness-Buch der Rekorde« zu bekommen. Diese Hummuskriege symbolisieren in gewisser Weise die Tragik des Nahostkonfliktes. Denn eigentlich haben Israelis und Araber so viele Ähnlichkeiten, und alle lieben sie ihren Hummus. Doch statt sich auf die Gemeinsamkeiten zu konzentrieren, hassen und bekämpfen sie sich sinnlos bis aufs Messer.

Bei Abu Hassan spielen politische Differenzen keine Rolle. Dicht gedrängt sitzen die Leute hier an Plastiktischen aus braunem Holzimitat. Der Boden besteht aus Steinplatten, an den Wänden hängen alte, vergilbte Zeitungsartikel mit Lobpreisungen über Abu Hassans Kochkünste. Das Geschepper der Teller und das Geschrei der Köche in der offenen Küche verbreiten einen Wahnsinnslärm. Aber das scheint niemanden zu stören. Jenseits aller nationalistischen Hummus-Diskussionen finden Eran und viele andere Orientalen – sowohl Juden als auch Araber –, dass eine gute Portion Hummus jedem Besuch in einem französischen Fünf-Sterne-Restaurant vorzuziehen ist. Eran strahlt, wenn er den ersten Bissen Hummus herunterschluckt. Endlich ist er wieder zu Hause.

Anschließend machen wir einen Verdauungsspaziergang, laufen auf der Strandpromenade von Jaffa hinüber nach Norden ins Stadtzentrum von Tel Aviv.

Tel Aviv, diese wunderschöne, lebendige Stadt am Mittelmeer! Die weiße Stadt mit ihrer eleganten, manchmal etwas verfallenen Architektur, den runden, geschwungenen Balkons und den flachen Dächern, auf denen die Menschen manchmal in heißen Sommernächten im

Freien schlafen. Geliebt wie keine andere Stadt im Lande, von allen, die einfach nur ihr Leben leben und genießen wollen. Die ihre Kinder ganz normal großziehen möchten wie in jeder anderen Stadt am Mittelmeer, wie in Barcelona, Neapel oder Thessaloniki. Wenn es nicht immer wieder Krieg gäbe, würden Eran und ich auf der Stelle nach Tel Aviv ziehen, da sind wir uns einig.

»Stell dir vor, wir würden hier leben«, sagt Eran, als wir die Schenkin-Straße mit den vielen kleinen Boutiquen hinunterbummeln. »Ich könnte mit den Kindern jeden Tag nach der Schule ans Meer gehen. Und du« – er schaut mich an und umarmt mich – »würdest nie mehr frieren müssen in diesen ewigen, dunklen Berliner Wintern.«

Für ein paar unbefangene Momente malen wir uns ein glückliches Leben in Israel aus.

»Wir könnten in eins der alten weißen Häuser ziehen«, schwärme ich. »Abends könnten wir mit den Kindern über den Ben-Gurion-Boulevard schlendern und den Zikaden lauschen.«

»Ari könnte auf seinem kleinen Fahrrad über die Mittelstreifen der Boulevards unter den Olivenbäumen entlangfahren«, träumt Eran. »Und Miri könnte ihren geliebten Mango-Erdbeer-Orange-Smoothie bei Tamaras Saftladen um die Ecke bestellen. Du könntest hier als Journalistin arbeiten und ich eine kleine Hummusbude aufmachen und nebenbei meine Bücher schreiben.«

Wir gucken hoch zu den alten Gebäuden mit den geschwungenen Balkonen und dem abblätternden Putz und suchen uns eine Traumwohnung aus, nur zwei Straßen vom Meer entfernt. Selbst wenn hier immer Frieden herrschen würde, hätten wir vermutlich nie genug Geld, um uns eine solche Wohnung leisten zu können. Die Mieten in Tel Aviv sind im weltweiten Vergleich Spitzenklasse. Aber das ist uns gerade egal. Dazu gibt es schließlich Träume.

Die Tel Avivis bezeichnen ihr Leben in der Stadt oft als eine Art Illusion, als »life in a bubble«. Ein Schwebezustand in einer Seifenblase, schillernd und gleichzeitig so verletzlich. Die Anspannung, die man im Rest des Landes greifbar spüren kann, ist hier (meistens) weiter weg. Morgens führen die Hipster ihre Schoßhündchen Gassi, joggen am Strand entlang, fahren auf Elektrobikes und E-Rollern in halsbrecherischer Geschwindigkeit durch die geschäftige Stadt zur Arbeit. Sie arbeiten in Start-ups, der IT-Branche, als Anwälte oder Designer. Die gleichen coolen In-Crowds, denen man bei uns zu Hause in Mitte begegnet, sind auch hier unterwegs. Abends treffen sie sich in Restaurants mit Freunden zum Essen, gehen in Bars und Nachtclubs – die unbeschwerte Stimmung erinnert an New York oder Berlin im Sommer.

Gegen Mittag haben wir den Tel Aviver Carmel-Markt erreicht. Strahlend riechen wir an den frisch gepflückten Koriandersträußen und sonnengereiften Orangen, die sich üppig in den Holzkisten der Händler stapeln. Eran nimmt die weichen Avocados in die Hand, ergötzt sich am Rot der Tomaten und staunt über die niedrigen Preise und die Vielfalt der Auberginen. Mindestens sieben verschiedene Sorten der Eierfrucht zählt er. Und alles duftet hier so viel intensiver und schmeckt so viel aromatischer als in Deutschland. Auch Eran fühlt sich hier auf einmal viel lebendiger als in Deutschland.

Stolz erklärt er den Kindern, dass Israel nicht umsonst das Land von Milch und Honig genannt wird. Er erzählt, wie vor über hundert Jahren die Zionisten ins Heilige Land kamen und die Wüste mit ihren bloßen Händen in fruchtbares Land verwandelt haben. Wie sie Obstgärten anlegten und raffinierte Bewässerungssysteme ausküügelten. Er bläut ihnen ein, dass auch heute noch Juden aus der ganzen Welt nur in Israel wirklich Schutz vor antisemitischer Verfolgung finden können.

»Wenn irgendwann in Deutschland wieder die Judenhasser an die Macht kommen sollten«, sagt er zu Ari und Miri, die ihn mit großen Augen leicht verständnislos angucken. »Dann könnt ihr jederzeit nach Israel auswandern. Alle Kinder, die einen israelischen Vater oder eine israelische Mutter haben, kriegen auf der Stelle einen israelischen Pass.«

Als Jude hat Eran verinnerlicht, dass man auch in friedlichen Zeiten nie darauf vertrauen darf, dass einen die Goyim, die Nichtjuden, voll und für immer akzeptieren werden (mit Ausnahme der Schickse-Ehefrau natürlich!). Schließlich ist es gerade mal eine Generation her, dass seine Eltern aus dem Iran fliehen mussten. Und keine achtzig Jahre, dass die Deutschen den Massenmord an sechs Millionen Juden in Europa organisiert und exekutiert haben.

Eran erzählt Miri und Ari von ihrem Großvater Schlomo, seinem verstorbenen Vater. Wie Schlomo als Teenager in den Fünfzigerjahren aus dem Iran nach Israel einwanderte, anfangs Pfirsiche am Straßenrand verkaufte, sich hocharbeitete, im Straßen- und Brückenbau tätig war und schließlich mehrere Arbeiterkolonnen unter sich hatte. Er erzählt, wie sein Vater in mehreren

Kriegen gekämpft und Israel gegen seine vielen Feinde verteidigt hat. Bis er genug davon hatte.

»Eines Tages, ich kam gerade von der Schule nach Hause, da hat Aba mein großes Holzschachbrett eingepackt und mir gesagt, dass wir umziehen«, erzählt Eran den Kindern und mir, nachdem wir uns am Strand von Tel Aviv ein paar Liegestühle ausgeliehen und es uns darauf gemütlich gemacht haben. »Das Auto war schon gepackt, ich konnte mich noch nicht einmal von meiner Lehrerin und den anderen Kindern verabschieden.«

Der Vater schloss die alte Etagenwohnung in Kiryat Gat südlich von Tel Aviv für immer ab, legte den Schlüssel zum letzten Mal unter den Fußabtreter. Seine Frau Dana und die fünf Kinder quetschten sich in den viel zu engen orangen Opel, und dann fuhren sie los. Stundenlang waren sie unterwegs in der Hitze. Ohne Klimaanlage, immer Richtung Südwesten, bis sie an eine kleine, staubige Schotterstraße kamen, die geradewegs zum Mittelmeer führte. Sie fuhren langsam einen sanften Hügel hoch, und als sie oben angekommen waren, hielt der Vater das Auto an. Vor ihnen breitete sich Yammit aus, eine kleine Siedlung mit ein paar Hundert weiß getünchten Häusern. Dahinter lagen gelbe Dünen, Palmenhaine und das blaue Meer. Es gab eine Schule, eine Kita, die Synagoge, ein Basketballfeld und einen Minimarkt. Yammit war eine israelische Hippie-Siedlung auf der Sinai-Halbinsel. Hier lebten keine fanatischen Siedler, sondern Familien, die ihr Leben einfach nur genießen und nichts mehr mit dem politischen Konflikt zwischen Israelis und Palästinensern zu tun haben wollten.

Eran war sieben Jahre alt, als seine Familie nach Yammit kam und die Siedlung mit aufbaute. Die Yammitniks lebten Seite an Seite mit Beduinenfamilien, die ihre Zelte unter den Palmen in den Dünen aufgeschlagen hatten. Anfangs hatte Eran ein wenig Angst vor ihnen, weil die Männer lange Messer an ihren Gürteln trugen. Gleichzeitig trieb er sich aber gerne bei den Beduinen herum, weil sie Kamelherden hatten und Eran auf den Tieren reiten ließen. Auch Erans Vater Schlomo, der neben Hebräisch und seiner Muttersprache Farsi auch fließend Arabisch sprach, saß oft abends bei den Beduinen am Lagerfeuer, trank Kaffee und lauschte ihren Geschichten.

Erans Mutter arbeitete als Erzieherin im Yammiter Kindergarten und kümmerte sich um die fünf Kinder und den Haushalt. Der Vater war unter der Woche meist auf seinen Baustellen im Sinai unterwegs, doch zum Wochenende kam er nach Hause. Jeden Donnerstag fuhr die ganze Familie hinüber ins benachbarte Gaza, das damals noch nicht eingemauert und mit Stacheldraht abgezäunt war. Hier machten sie ihre Wocheneinkäufe bei den Arabern auf dem großen Marktplatz von Gaza-Stadt. Anschließend gab es für Eran und seine vier Schwestern je eine Flasche SevenUp. Das war Luxus schlechthin, denn Pepsi boykottierte damals Israel, und nur in Gaza gab es alle Limonadensorten der US-Firma zu kaufen.

In Yammit hat Eran seine glücklichsten Kindheitstage verbracht. Morgens kletterte er aufs Dach, um zu sehen, wie stark die Brandung war, und dann erst entschied er, ob er in die Schule oder doch lieber zum Wellensurfen gehen sollte. Schuhe hat er in den sechs Jahren, die er in Yammit lebte, nie angezogen. Das erzählt er zumindest immer Miri und Ari, die dann ganz neidisch sind.

Am Schluss holte der Konflikt die Yammitniks doch wieder ein. Im Rahmen des israelisch-ägyptischen Friedensabkommens wurde die Sinai-Halbinsel an Ägypten zurückgegeben. Alle Israelis mussten den Sinai verlassen, und Yammit wurde 1982 zwangsevakuiert. Eran war dreizehn Jahre alt. Schlomo und Dana weigerten sich, ihr Haus zu verlassen, und die Familie blieb bis zum bitteren Ende, als israelische Soldaten einen Bewohner nach dem anderen aus Yammit herausholten, teilweise mit Gewalt. Danach wurden ihre Häuser, die Schule, die Kita, der Basketballplatz und der Minimarkt mit Bulldozern zerstört. Einzig die Synagoge blieb stehen. Erans unbeschwerten Kindheitstage wurden auch plattgewälzt. Nur die Erinnerungen, die bis heute wehtun, sind geblieben.

Die Ruinen von Yammit sind inzwischen vom Sand fast ganz verschüttet. Der Nordsinai wurde von Ägypten zur militärischen Sperrzone erklärt und konnte nur mit Sondererlaubnis besucht werden. Von den ehemaligen Yammitniks durfte keiner zurück.

Erans Familie wurde nach Omer, in der Nähe der Stadt Be'er Sheva im Süden des Landes, umgesiedelt. Von der Vertreibung aus ihrem kleinen Paradies haben sie sich nie erholt. Der Verlust der Heimat legte sich wie ein zerstörerischer Fluch auf die Familie.

Fünfzehn Monate nach dem Umzug wurde Meital, die älteste Tochter und Erans Lieblingsschwester, krank. Sie lag wochenlang auf dem Sofa im Wohnzimmer und wurde immer blasser und schmaler. Sie übergab sich ständig und fing an zu schielen. Die Ärzte waren ratlos und schickten die gesamte Familie in psychologische Behandlung, aber Meital wurde nur noch kränker. Besorgt fuhren die Eltern sie ins Krankenhaus. Dort wurde bei Meital ein Hirntumor diagnostiziert. Hektisch brachten die Ärzte sie in den OP und entfernten den Tumor. Die

Operation verlief ohne Komplikationen, das Schlimmste schien überwunden. Doch dann infizierte sich die Wunde, und Meital starb mit nur achtzehn Jahren. Einen Tag vor ihrem Tod wurde Eran von einem Onkel ins Krankenhaus gebracht, um sich von ihr zu verabschieden. Als er durch den langen Flur zu ihrem Zimmer ging, sah er vor der Zimmertür seine Mutter und seinen Vater. Beide beteten, laut und verzweifelt. Voneinander abgewandt.

»Bitte, bitte, lieber Gott, lass Meital sterben, erlöse sie von ihren Leiden«, flehte Dana. Sie schluchzte laut und hielt ihre offenen Handflächen dem Himmel entgegen.

»Lieber Gott, bitte nimm mir meine Tochter nicht weg, bitte rette sie und lass sie leben«, schrie Schlomo verzweifelt. Er stand mit dem Rücken zu seiner Frau und wippte mit dem Oberkörper wie in Trance vor und zurück.

Weder der Vater noch die Mutter nahmen Eran wahr, als er versteinert vor ihnen stehen blieb. Alleine ging er schließlich ins Krankenzimmer. Dort lag Meital hohlwangig, der kahlrasierte Kopf war mit einem eitrigen, blutdurchtränkten Verband umwickelt. Sie hatte die Augen geschlossen und reagierte nicht mehr auf ihn.

Vater Schlomo verkraftete den Tod seiner Tochter nicht. Er ging nicht mehr zur Arbeit, blieb wochenlang von zu Hause weg, keiner wusste, wo er war. Manchmal kam er abends kurz vorbei, ging in die Küche, nahm sich Essen aus den Töpfen auf dem Herd und verschwand wieder, ohne ein einziges Wort mit den Kindern und seiner Frau gewechselt zu haben.

Zwei Jahre später, er war damals 53, verunglückte er bei einem Autounfall. Sein Wagen kam auf der Autobahn ins Schleudern, durchbrach die Leitplanke, überschlug sich und landete in den Dünen am Mittelmeer. Nicht in Yammit, sondern einige Hundert Kilometer weiter nördlich. Schlomo war sofort tot.

Mutter Dana versuchte mit aller Kraft, aber wenig Erfolg, die zerbrechende Familie zusammenzuhalten. Eran zog nach dem Armeedienst nach New York. Auch die etwas ältere Efrat suchte jahrelang ihr Glück in Amerika. Die zweitgeborene Tochter Yael wandte sich voll und ganz der Religion zu. Nur die jüngste Tochter, Lior, ist bis heute nicht von der Seite ihrer Mutter gewichen. Sie hat nie geheiratet, hat keinen Freund, widmet ihr Leben der Mutter. Als fühle sie sich dafür verantwortlich, die vielen Leiden und Verluste der Mutter wenigstens ein bisschen zu lindern.

Am letzten Tag vor der Räumung von Yammit hatte Mutter Dana einen kleinen Palmensetzling aus dem Dünensand ausgegraben. In ihrem neuen Garten in Omer hegte und pflegte sie die zarte Pflanze, bis sie zu einer hohen Dattelpalme heranwuchs. Wenn der Chamsin, der heiße Wüstenwind aus dem Süden, die Palmwedel zum Rauschen brachte, hörte sich das fast so an wie in Yammit. Damals, als die Böen durch die Dattelhaine fegten und das Meer aufpeitschten. Damals, als die Familie noch intakt und glücklich war. Jedes Mal, wenn Dana für ein paar Tage von Omer wegreiste, legte sie zum Abschied ihre Hand auf den rauen Stamm der Palme, als hätte sie Angst, auch diese könne bei ihrer Rückkehr verschwunden sein. Doch schlussendlich war es Dana, die die Palme mit den süßen, herzzerreißenden Klängen der Vergangenheit hinter sich ließ. Sie verkaufte ihr Haus und den Garten mit der Palme in Omer und zog in eine Hochhaussiedlung in Rischon Le Ziyon. Um näher bei ihren Töchtern und Enkelkindern, ihren Schwestern und Brüdern zu sein, die fast alle im Großraum Tel Aviv leben.

Als Dana von Omer nach Rischon Le Ziyon umzog, suchte auch Lior sich dort eine Wohnung, keine zehn Minuten von der Mutter entfernt. Fast jeden Abend besucht sie ihre Mutter, und die beiden essen zusammen zu Abend, gucken Fernsehen, gehen gemeinsam ins Kino und besuchen am Wochenende Danas Geschwister.

In unserer zweiten Ferienwoche in Israel verdüstert sich Erans Miene. Seine Anfangseuphorie ist verflogen.

Alte Freunde, die früher immer Optimismus verbreitet und an einen Frieden im Land geglaubt haben, haben resigniert. Die ständige Anspannung im Land hat sie depressiv und neurotisch werden lassen.

Wir treffen uns mit Ofir, einem guten Freund von Eran. Er betreibt ein kleines Café auf einer schmalen Seitengasse des Carmel-Markts. Es gibt Eintöpfe mit frischem Gemüse, das er frühmorgens selber auf dem Markt aussucht und dann zubereitet, Salate, Kuchen und natürlich auch Hummus. Auf der kleinen Holzveranda des Restaurants räkelt sich seine Katze Nuri zwischen den Tischen. Miri und Ari können sie stundenlang streicheln, während wir mit Ofir Kaffee trinken und dazu die selbst gebackenen Pekan-Plätzchen seiner Mutter futtern. Ofirs Mutter kommt aus Libyen, der Vater aus Tunesien. Ofir ist in Israel geboren und aufgewachsen. Früher hatte er immer so ein wunderbares Leuchten in seinen braunen Augen, wenn wir unangekündigt bei ihm aufgetaucht sind. Jetzt sind seine Augen trüb und wirken, als hätte jemand das Licht ausgeschaltet.

Als wir mit Ofir auf der Veranda sitzen, zündet er sich einen Joint nach dem anderen an, als müsse er sich betäuben.

»Achi – mein Bruder«, sagt er zu Eran auf Hebräisch, wie es unter guten Freunden üblich ist, »vor ein paar Wochen stand ich hier morgens in der Küche und hab die Karotten geschält, die ich fünf Minuten vorher da hinten bei meinem Lieblingsgemüsehändler gekauft hatte.« Er zeigt mit seiner Hand hinüber zum Carmel Markt. »Da habe ich auf einmal einen entsetzlich lauten Knall gehört«.

Bei dem Gedanken daran zieht Ofir die Schultern hoch und versteift sich.

»Es war ein grässliches Geschrei überall, und dann kamen blutüberströmte Menschen in mein Café gerannt«, erinnert er sich und deutet nach innen ins Café, wo sich die Leute in ihrer Panik unter den Tischen versteckt und in der Toilette eingesperrt haben.

Keine zweihundert Meter von seinem Restaurant entfernt hatte sich ein Selbstmordattentäter auf dem Markt in die Luft gesprengt. Neben dem Gemüsestand, an dem er ein paar Minuten vorher noch um vier Kilo Karotten gefeilscht hatte. Die Polizei und Dutzende von Krankenwagen mit ihren durchdringenden Sirenen waren nach ein paar Momenten bei der Unglücksstelle und brachten die Verletzten und Toten weg. Man ist hier vorbereitet auf Katastrophen. Später kamen ein paar orthodox-religiöse Männer mit neongelben Westen und suchten zwischen den umgestürzten Ständen und den zerfetzten Sonnenschirmen nach Fleischstückchen und Knochensplittern der Opfer. Jeden Kohlkopf, jede Kiste mit zermatschten Erdbeeren drehten sie um auf der Suche nach menschlichen Überbleibseln. Im Talmud steht, dass alle sterblichen Überreste beerdigt werden müssen, und so werden alle noch so kleinen Stückchen der Leichen bei der Beerdigung mit ins Grab gelegt.

Am Nachmittag nach dem Anschlag lief der Betrieb auf dem Markt bereits wieder an. Neue Stände waren aufgestellt, der Boden gesäubert, das Obst lag üppig wie eh und je in den Kisten, nur die Marktschreier waren leiser als sonst. Das Leben muss weitergehen. Die Terroristen dürfen nicht gewinnen. Dieses Mantra haben alle Israelis verinnerlicht.

Doch HaMatzav, »die Situation«, wie die Israelis den Konflikt mit den Palästinensern euphemistisch umschreiben, findet selbst in Tel Aviv ihren Weg in den Alltag und vergiftet das Leben. Vor jedem Einkaufszentrum sitzen Wachmänner auf Barhockern, die alle Taschen auf Waffen kontrollieren. Steht irgendwo ein verwaister Rucksack, kommt sofort ein Einsatzkommando, um den Rucksack mit ferngesteuerten Robotern auf mögliche Bomben zu untersuchen.

Jugendliche Soldaten mit Maschinengewehren über der Schulter bestimmen das Straßenbild. Kaugummikauend schlendern sie in ihren Uniformen durch die Shopping Malls, quatschen an ihren Handys und flirten mit ihren weiblichen Mitsoldatinnen. Die tragen ebenfalls Uniform, wobei die religiösen Mädchen keine Hosen, sondern olivgrüne, lange Röcke und keusche, blickdichte Strumpfhosen anhaben.

Eran behauptet, wer als achtzehnjähriger Soldat im besetzten Westjordanland palästinensische Frauen, Männer und Kinder mit vorgehaltener Waffe herumkommandieren kann, ohne darüber Rechenschaft ablegen zu müssen, dem kriecht die Okkupation ins eigene System. Der kann nicht nach drei Jahren Militärdienst wieder ins zivile Leben zurückkehren und tun, als sei er nie fort gewesen. Die Seele ist korrumpiert, sagt er.

Im chaotischen Straßenverkehr regt Eran sich ab unserer zweiten Urlaubswoche furchtbar über die anderen Autofahrer auf. Er ist überzeugt, dass die aggressive Fahrweise der Israelis ein Auswuchs des Konfliktes ist. Bei Treffen mit seiner Verwandtschaft bricht er Streitereien über die israelische Politik vom Zaun. Wirft den rechten Hardlinern faschistische Tendenzen vor, obwohl auch er resigniert und sich enttäuscht von der linken Friedensbewegung distanziert hat.

Er entrüstet sich über die Diskriminierung der sephardischen Juden, also jener, die aus orientalischen Ländern wie Marokko, Irak, dem Jemen oder eben wie seine Familie aus dem Iran eingewandert sind. Die Aschkenasim, die europäischen Juden aus Polen, Deutschland oder Russland, bezichtigt er der Arroganz. Er weist darauf hin, dass die Sephardim auch nach Jahrzehnten der Aliya, der Einwanderung nach Israel, in vielen Schaltstellen der Gesellschaft, in den Universitäten, den Medien oder den Gerichten immer noch unterrepräsentiert sind. Stundenlang kann Eran mir Vorträge über dieses Thema halten. Immer wieder. Manchmal glaube ich, die Diskriminierung der Sephardim regt ihn noch mehr auf als der Konflikt mit den Palästinensern.

Abends läuft im Fernsehen ein Film über Zohar Argov, den König der »Musica Mizrahit«, den Eran unbedingt anschauen möchte. Mizrachim ist ein weiterer Name für die Juden, die aus dem Nahen Osten und Nordafrika eingewandert sind. Ihre Musik haben sie damals mitgebracht, voller arabischer Rhythmen und Tonleitern. In den ersten Jahrzehnten nach der Staatsgründung wurden ihre Lieder regelrecht von den israelischen Radiostationen boykottiert, weil die tonangebenden Aschkenasim sich zu sehr an die Musik ihrer Feinde, der Araber, erinnert fühlten.

Zohar Argov war das älteste von acht Kindern jüdischer Einwanderer. Er ist aufgewachsen in einem Armenviertel von Rischon, hat alle Höhen und Tiefen eines wahren Rockstarlebens durchgemacht, bis er mehr und mehr den Drogen verfiel und sich mit 32 Jahren in einer Gefängniszelle mit seinem Laken erhängte. Viele seiner Lieder und Interviews handeln auch von der Unterdrückung der Sephardim und ihrem Kampf um gesellschaftliche Gleichberechtigung gegenüber den aus dem Westen stammenden Aschkenasim.

Eran liebt Zohar. Auf einem unserer ersten Dates hat er sich einmal ein rotes Cabrio in Berlin gemietet, und dann sind wir mit heruntergelassenem Verdeck zu den schmachtenden Klängen von Zohars Liebesliedern »Elinor« und »Badad« (dt. »Allein«), durch den Prenzelberg gerast. Die braven Bionade-Spießbürger haben vielleicht empört geglotzt, dass sich so ein unintegrierter Ausländer mit seiner schrecklichen, lauten Musik, einem dicken Auto und dann auch noch einer deutschen Frau auf dem Beifahrersitz in ihren Kiez gewagt hatte. Erst als wir über Friedrichshain entlang der Oberbaumbrücke nach Kreuzberg hineingebraust sind, änderte sich die Stimmung, die Blicke wurden freundlicher. Und als wir schließlich über die Sonnenallee in Neukölln fuhren, dem Klein-Beirut von Berlin, fühlten wir uns wie bei einem Homecoming: Kinder winkten uns fröhlich von den

Bürgersteigen zu, die Männer nickten Eran wohlwollend aus den Shisha-Cafés und den Kebabstuben zu. Hier ist arabische Musik stets willkommen (und dass die Liedertexte auf Hebräisch waren, konnten die freundlichen Araber wegen der vielen Straßengeräusche glücklicherweise nicht hören).

Als Erans Mutter Zohars Musik aus ihrem Wohnzimmer dröhnen hört, kommt sie sofort mit einem angewiderten Gesicht angerannt, nimmt Eran die Fernbedienung aus der Hand und schaltet ein anderes Programm an.

Eran behauptet, dass die Aschkenasim seiner Mutter nach ihrer Aliya nach Israel eingeredet hätten, dass ihre eigene, persische Kultur minderwertig sei gegenüber der europäischen »Hochkultur«. Wütend meckert er sie an: »Warum verleugnest du dich und deine Herkunft?«

»Was findest du denn an diesem drogensüchtigen Kerl toll?«, bellt sie zurück und fuchtelt dabei mit der Fernbedienung herum. »Diese arabische Musik ist unerträglich.«

»Sogar einen neuen Namen haben sie dir gegeben, als du nach Israel gekommen bist«, regt Eran sich weiter auf, als ob das die Schuld seiner Mutter wäre. »Als ob dein eigener persischer Name nicht gut genug gewesen wäre.«

Dana hieß nämlich eigentlich seit ihrer Geburt Farzaneh, aber der Name gefiel den Einwanderungsbehörden nicht, und sie wurde kurzerhand in Dana umbenannt, auch auf dem neuen israelischen Pass.

Hilflos und wütend stehen die beiden sich im Wohnzimmer gegenüber. Dana, die nach ihrer Ankunft als Teenager in Israel einfach nur dazugehören wollte und sich deswegen die europäische Leitkultur zu eigen machte, so gut sie es eben konnte. Und Eran, der seinen Eltern nicht verzeihen kann, dass sie sich bemüht haben, ihn wie einen Aschkenasi großzuziehen, obwohl er doch schon wegen seines Aussehens nie ganz zu den europäischen Juden dazugehören wird und obwohl ihn alle Freunde in Israel bis heute Parsi nennen, den Perser.

Es gibt nur wenige Momente, in denen sich auch Eran wirklich mit allen Israelis und Juden identifiziert, egal welcher Herkunft sie sind. Und zwar, wenn wir zu Hause einen Hollywood-Film angucken, wenn die Nobelpreise vergeben werden oder wenn er mit Miri das Inhaltsverzeichnis der US-Zeitschrift »New Yorker« durchblättert. Dann weist er uns stolz auf die vielen jüdischen Namen hin, und es spielt ausnahmsweise einmal keine Rolle, dass unter den Goldsteins, Rosenbergs und Kleins keine Sephardim zu finden sind.

Aber in Israel steigert sich seine Wut über die Diskriminierung der Sephardim täglich, und es gibt immer wieder Situationen, die seiner Empörung neues Futter geben. Als wir am Wochenende tanzen gehen wollen, wird Erans Schwester Lior vom stiernackigen Türsteher vor einem der angesagtesten Nachtclubs in Tel Aviv nicht hineingelassen – zu schwarz sind ihre langen Locken, zu dunkel die Haut. Der Laden sei voll, sagt der Türsteher, nur um mich im nächsten Augenblick ohne mit der Wimper zu zucken an ihr vorbei in den Club hineinzuwinken. Europäische Looks sind hier mehr wert als orientalische Schönheit. Wir bleiben alle drei gedemütigt draußen vor der Disco stehen und überlegen, was wir stattdessen machen sollen. Die Lust am Clubbing ist uns vergangen, nach Feiern ist uns nicht mehr zumute, auch an einen Cafébesuch oder Zwischenstopp bei einer Bar ist nicht mehr zu denken. Enttäuscht suchen wir uns ein Sammeltaxi und fahren zurück nach Rischon. Eran und ich steigen beim Haus der Mutter aus, Lior fährt noch einen Stopp weiter zu ihrer eigenen Wohnung. Kaum sind wir ausgestiegen, fragt der Fahrer Lior, wie, um Gottes willen, die blonde Frau (ich) denn so einen dunklen Mann, so ein »schwarze Chaie«, oder schwarzes Tier, wie er auf Jiddisch sagt, hätte heiraten können. Dass Lior den gleichen Teint wie ihr Bruder hat, hält ihn von weiteren Beleidigungen nicht ab.

Lior erzählt mir am nächsten Tag davon. Schockiert frage ich sie, wie sie denn auf die Rassistensprüche des Taxifahrers reagiert hat. Aber Lior zuckt nur resigniert mit den Achseln. Sie sagt, dass sie diese Kommentare über das arabische Aussehen ihrer Familie schon so oft gehört hat, dass sie einfach nur geschwiegen hat.

In unserer dritten und letzten Ferienwoche will Eran einfach nur noch weg aus Israel.

Er bettelt mich an, unseren Flug nach Deutschland umzubuchen, nach vorne zu verlegen. Keinen Tag länger hält er es hier aus. Er will sich nicht mehr mit seinen Freunden oder der Familie treffen. Sogar den Hummus von Abu Hassan findet er auf einmal ungenießbar. Er läuft stundenlang ruhelos am Strand auf und ab. Nachts kann er nicht schlafen, tagsüber ist er müde und schlecht gelaunt. Als wir endlich – vier Tage früher als eigentlich geplant – am Ben-Gurion-Flughafen in Tel Aviv einchecken, deckt Eran sich im Duty-Free-Shop mit Dutzenden von Büchern ein. Seine Muttersprache vermisst er täglich in Berlin. Allen Konflikten und aller Zerrissenheit zum Trotz ist das Hebräische Erans geistiges Zuhause. Die Heimat, die ihm keiner wegnehmen oder zerstören kann.

In Berlin gelandet, fahren wir mit dem Taxi zurück nach Hause, es ist grau, kalt und nieselig. Wie fast immer, wenn man nach Deutschland zurückkehrt.

»Das war mein letzter Besuch in Israel«, sagt Eran. »Ich setze nie wieder einen Fuß in dieses kranke Land.«

Bis ihn ein Jahr später das Heimweh so schlimm überkommt, die Sehnsucht nach Sonne und Wärme so groß wird, dass wir doch alle wieder nach Israel fliegen.

Same procedure as every year.

7. Reise nach Jerusalem

Jedes Jahr um die Osterzeit feiern die Juden das Pessach-Fest. Sie erinnern sich dabei an den biblischen Exodus, daran, wie Moses sie nach vierhundert Jahren der Sklaverei aus Ägypten in die Freiheit und ins Gelobte Land geführt hat. Erans Familie versammelt sich an Pessach stets mit Onkeln und Tanten, Cousins und Cousinen im großen Kreise um den festlich gedeckten Tisch bei seiner Schwester Efrat in Kfar Saba, nördlich von Tel Aviv.

Auf Efrats Tisch steht der runde Sederteller, auf den sie verschiedene Speisen mit symbolischer Bedeutung gelegt hat, die während des Abends in einer bestimmten, rituellen Abfolge gegessen werden. Es gibt Meerrettich, oder Maror, in Erinnerung an die Jahre der Knechtschaft in Ägypten. Charosset, eine klein gehackte Mischung aus Apfel, Nüssen, Datteln und Wein, soll aussehen wie der Lehm, aus dem die Juden als Sklaven in Ägypten die Ziegel für die Pyramiden herstellen mussten. Chaseret, ein symbolisch bitteres Kraut, oft einfach ein Blatt Salat, wird benutzt, um das Charosset aufzuschaufeln und zu essen. Karpas, oft in Form von Selleriestangen, steht für die zermürbende Arbeit der Sklaven und wird während des Pessach-Mahls in kleine Schüsselchen mit Salzwasser getaucht, welches wiederum an die Tränen erinnert, die während der langen Zeit der Sklaverei vergossen wurden. Als Letztes gibt es noch Seroa, einen gerösteten Lammknochen mit nur ganz wenig Fleisch, der an die Opferung des Lamms im Jerusalemer Tempel erinnern soll, und Beitzah, ein hart gekochtes Ei, das ebenfalls die Opfer der Sklavenarbeit und die Zerstörung des Tempels symbolisiert. Zudem soll jeder erwachsene Teilnehmer des Pessach-Mahls über den Abend verteilt vier Gläser Wein trinken – je später der Abend, desto fröhlicher wird dann auch die Stimmung und desto lauter die Gesänge. Der Jüngste am Tisch, und das ist eigentlich immer Ari, wenn wir an Pessach denn in Israel weilen, muss allen anderen Gästen vier Fragen in Gesangsform stellen. Ma Nischtana heißen die Fragen, und es geht darum, warum die Pessach-Nacht anders ist als alle anderen. Und als Antwort erzählt dann der Baal HaBait, der Hausherr, in diesem Fall also Efrats Mann Joni, vom Auszug der Juden aus Ägypten.

Wenn Ari fragt, »warum essen wir an allen anderen Nächten normales Brot, in dieser Nacht aber nur Matzenbrot?«, dann erklärt ihm Joni, dass es am Pessach-Abend und den nachfolgenden acht Tagen nur ungesäuertes, dünnes Matzenbrot gibt, weil die Juden bei ihrer Flucht aus Ägypten nicht einmal mehr Zeit hatten, ihr Brot säuern zu lassen.

Pessach und Ostern fallen übrigens deshalb auf die gleiche Zeit, weil das letzte Abendmahl, das der Jude Jesus mit seinen Jüngern feierte, nichts anderes war, als der Sederabend von Pessach.

Während des Festes werden die Fragen und Antworten reihum aus der Haggada vorgelesen, einem Buch speziell für Pessach, in dem die Geschichte des Auszuges aus Ägypten in die Freiheit erzählt wird, in dem aber dazu noch Gebete und Gesänge stehen. Traditionell wird der Pessach-Abend mit dem Wunsch »Nächstes Jahr in Jerusalem!« beendet.

Besonders Juden, die in der Diaspora, also nicht in Israel leben, sprechen diesen Wunsch mit besonderer Inbrunst aus. Erans Mutter erzählt gerne, wie sie als Kind in Persien jedes Jahr an Pessach davon geträumt hat, einmal in ihrem Leben in Jerusalem vor der Klagemauer zu stehen. Am heiligsten Ort des Judentums. Als sie mit fünfzehn Jahren nach der Flucht aus dem Iran endlich vor der Klagemauer stand, war sie so ergriffen, dass sie fast in Ohnmacht gefallen wäre. Noch heute fährt sie mehrmals im Jahr an die Klagemauer, betet dort und bittet HaSchem, oder Gott, um Segen und Gesundheit für ihre Kinder und Kindeskinder.

Auch für Eran ist es wichtig, an der Klagemauer zu beten, besonders seit er in Deutschland lebt. Zu unserem alljährlichen Besuch in Israel gehört daher auch immer ein Tagesausflug nach Jerusalem. Dieser beginnt üblicherweise mit einer stundenlangen Parkplatzsuche in der Nähe der Klagemauer. Bei einem unserer Jerusalem-Besuche, Miri war zwei Jahre alt und Ari noch nicht auf der Welt, waren wir irgendwann von dem Rumgekurve so genervt, dass wir das Auto einfach im Parkverbot in der Nähe des Jaffators stehen ließen. Trotz vorheriger Ermahnungen von Erans Mutter, dass Falschparken in der Heiligen Stadt mit umgerechnet hundert Euro geahndet wird.

Wir gingen durchs Jaffator in die Altstadt und ließen uns von den Menschenmengen durch die christlichen, muslimischen und jüdischen Viertel treiben. Immer weiter die dicht bebauten Hügel hinunter, bis wir am Ende einer engen Gasse die Klagemauer sehen konnten. Nachdem wir eine von Soldaten bewachte Sicherheitsschleuse mit Metalldetektoren durchquert hatten, standen wir auf einem riesigen Platz. Vor uns erhob sich fast zwanzig Meter hoch und fünfzig Meter breit die Kotel, oder einfach nur Mauer, wie die Israelis die Klagemauer auf Hebräisch nennen. Links standen Hunderte von betenden Männern vor den hellen Kalksteinquadern. Viele von ihnen waren in lange, schwarze Kaftane gehüllt und hatten große Hüte mit breiten Fellkrempen auf. Beim Beten wippten sie rhythmisch mit ihren Oberkörpern nach vorne und zurück.

In einem abgetrennten kleinen Bereich auf der rechten Seite drängelten sich die Frauen. Manche lehnten sich beim Beten mit den Händen und ihren Köpfen gegen die Mauer. Andere saßen auf weißen Plastikstühlen und lasen in kleinen Gebetbüchern. Die ganz Religiösen unter ihnen hatten Perücken auf, denn ultraorthodoxe Jüdinnen lassen sich nach ihrer Hochzeit traditionell die Köpfe kahl rasieren und verdecken von da an ihre Glatzen unter Perücken.

Schräg über uns liefen ein paar Touristen auf einer schmalen Holzbrücke hoch zum Tempelberg, wo die Muslime in der al-Aqsa-Moschee beteten.

Wie alle anderen, so bekritzelten auch Eran und ich kleine Papierzettel mit unseren geheimsten Wünschen und steckten sie zwischen die Ritzen der Klagemauer zu den Tausenden von anderen Zettelchen in der Hoffnung, dass sich unsere Wünsche erfüllen würden. Miri, die mit mir in der Frauensektion war, wollte auch einen Wunschzettel in die Mauerritzen stecken.

»Mama, schreib: Lieber Gott, ich wünsche mir neue Kleider für meine Puppe Rina«, diktierte sie mir. Dann fragte sie aufgeregt: »Holt Gott den Zettel heute Nacht aus der Mauer und legt mir dann Kleider für Rina vor die Tür?«

Gott musste in ihrer Vorstellung die gleichen Qualitäten wie die Schnullerfee haben.

Am nächsten Morgen guckte sie gleich nach dem Aufwachen, ob ihr Wunsch in Erfüllung gegangen war. Und tatsächlich, dort lagen auf dem Fußboden hinter der Tür zwei selbst genähte Röckchen aus weinrotem Samt mit Spitzenborte. Eins für Rina und eins für sie selbst. Wie gut, dass Savta, ihre Oma, so eine begabte Näherin war.

Zum Abschluss unseres Jerusalem-Besuchs machten wir schnell noch ein obligatorisches Familienfoto vor der Klagemauer. Ein junger Soldat knipste uns, das Bild hängt bis heute über unserem Bett im Schlafzimmer: Miri guckt vergnügt und selbstzufrieden in die Kamera, Eran schwitzt wegen der Hitze, und ich sehe ziemlich übernächtigt aus, wie die meisten Mütter von kleinen Kindern. Nach diesem Fotoshooting schlenderten wir durch die arabische Altstadt, über einen kleinen Platz, auf dem Dutzende von alten Männern saßen, Domino spielten und Minztee tranken, bis hinüber zum großen Mahne-Yehuda-Markt im jüdischen Teil der Stadt. Bei einem Imbissstand in der Nähe aßen wir zu Mittag. Es gab den berühmten Meorav Yerushalmi, oder Jerusalem-Mix: Pitabrot gefüllt mit gehackten und gebratenen Nierchen, Herzen und Hühnerlebern, gewürzt mit jeder Menge Kümmel, Kurkuma und Zwiebeln. Schon Erans Vater Schlomo hatte vor dreißig Jahren nach jedem Besuch an der Klagemauer seine Familie an genau dem gleichen schlichten Stand zum Mittagessen eingeladen. Anschließend gingen wir zurück zum Auto.

Unter dem Scheibenwischer steckte ein Strafzettel über 300 Schekel für Falschparken – Erans Mutter hatte wieder einmal recht gehabt. Resigniert fuhren wir die Jerusalemer Hügel hinunter zurück nach Tel Aviv und schworen uns, beim nächsten Mal mit dem Bus nach Jerusalem zu fahren.

Ein Jahr später – Miri war inzwischen drei – beschloss ich, die etwas eintönige Routine unserer Jerusalem-Ausflüge zu durchbrechen. Ich buchte eine Übernachtung in einem Hotel in der Jerusalemer Altstadt. Schließlich wollte ich diese mystische Stadt schon lange einmal richtig entdecken.

Eran war alles andere als begeistert von meinen Plänen.

»Diese Heiligkeit und der religiöse Wahn der Leute in Jerusalem sind unerträglich«, jammerte er. »Mehr als unseren kurzen Besuch an der Klagemauer kann ich echt nicht ertragen.«

»Ach komm, es wird bestimmt super interessant«, versuchte ich ihn aufzumuntern. »Wir können uns ganz in Ruhe die verschiedenen Stadtviertel angucken, die vielen Kirchen und Synagogen, und wenn wir Glück haben, lassen sie uns sogar hoch auf den Tempelberg.«

Der Tempelberg wurde nur an wenigen Tagen für nicht-muslimische Touristen geöffnet, und man wusste im Vorhinein nie, ob der Besuch klappen würde.

»Als ich ein Kind war, habe ich gar nicht kapiert, dass es Jerusalem wirklich gibt«, erzählte ich Eran. »Ich dachte, Jerusalem sei nur ein Mythos, eine biblische Legende.«

Ich musste daran denken, wie meine Großtante, die Diakonisse in Bethel war, meiner Schwester und mir früher die fantastischsten Geschichten aus der Bibel erzählt hatte. Jerusalem hatte dabei stets eine tragende Rolle gespielt.

»Als ich irgendwann in der Schule verstanden habe, dass Jerusalem eine reale Stadt mit ganz normalen, lebendigen Menschen ist, hat es mich wirklich umgehauen«, fügte ich hinzu. Auch jetzt, Jahrzehnte später, war ich noch immer beeindruckt von diesem Aha-Erlebnis.

Erans allererste Kindheitserinnerung hatte auch mit Jerusalem zu tun. Allerdings nur indirekt. Er war vier Jahre alt und saß mit seiner Mutter und den Schwestern im Wohnzimmer ihres Apartments in Kiryat Gat. Alle Lichter waren aus und die Fenster abgedunkelt. Es war Fliegeralarm. Draußen tobte der Jom-Kippur-Krieg. Der Vater war an der Front. Auf einmal jammerte Erans ältere Schwester Efrat, dass sie durstig sei. Die Mutter schickte sie in die Küche. Weil es aber so dunkel war und Efrat kein Licht anmachen durfte, trank sie statt Wasser aus Versehen aus dem Glas, in das die Mutter das Spüli gefüllt hatte. Zwar spuckte Efrat das meiste Spülmittel schnell wieder aus, aber eben nicht alles. Was sie aber nicht besonders störte, sondern im Gegenteil dazu animierte, ihr Lieblingslied »Yeruschalayim schel Zahav« oder »Jerusalem aus Gold« zu singen. Und nach jedem Wort des berühmten israelischen Liedes kamen kleine Seifenblasen aus ihrem Mund heraus.

»Yeruschalayim-blub-blub, schel Zahav-blub-blub«,

sang Efrat immer wieder, wie eine kleine Seifenblasen-maschine, sehr zur Begeisterung der ganzen Familie. Noch heute kriegen sie kollektive Lachanfälle, wenn irgendwo im Radio »Jerusalem aus Gold« gespielt wird.

Ich versuchte Eran mit dieser Jerusalem-Anekdote aufzuheitern, die auch ich inzwischen schon auswendig kannte.

»Ich will wirklich nicht in Jerusalem übernachten. Da laufen überall Jesus-Freaks herum«, wendete Eran noch mal ein, obschon er begriffen hatte, dass weiterer Widerstand zwecklos war. Ich hatte bereits das Hotelzimmer gebucht und ließ mich von meinem Plan nicht mehr abbringen.

Doch ganz kampflos wollte er sich auch nicht ergeben. Ich musste ihm versprechen, dass wir auf keinen Fall auf den Tempelberg mit der al-Aqsa-Moschee gehen würden. Dort auf dem großen Platz oberhalb der Klagemauer waren Juden nicht gern gesehen, und es kam öfter zu Ausschreitungen zwischen israelischen Soldaten und muslimischen Männern. Unter Hunderten von Arabern würde er sich wirklich nicht sicher fühlen, erklärte Eran mir.

»Okay, versprochen«, murrte ich widerwillig. »Wir gehen nicht auf den Tempelberg hoch.«

Obwohl ich eigentlich einen Besuch der al-Aqsa-Moschee dort eingeplant hatte. Der Tempelberg ist nach Mekka und Medina der drittheiligste Orte der Muslime. Von Mekka soll der Prophet Mohammed laut Legende auf einem geflügelten Pferd nach Jerusalem geritten und dort vom Tempelberg in den Himmel aufgestiegen sein. Während seiner nächtlichen Himmelfahrt soll er den anderen Propheten Abraham, Moses und Jesus begegnet sein. Natürlich hätte ich diesen religionsgeschichtlich so relevanten Ort unbedingt anschauen wollen, aber wenn nicht dieses Mal, dann eben nächstes Mal.

»Nächstes Jahr in Jerusalem«, murmelte ich leise, sodass Eran zwar hören konnte, dass ich etwas sagte, aber nicht genau, was.

Er ignorierte mich. »Du wirst schon sehen, die Leute in Jerusalem haben einen an der Klatsche«, wiederholte er zum x-ten Mal. »Das sind alles Fanatiker. Und manche haben Jerusalem-Syndrom und denken, sie wären Gott«, fügte er noch hinzu und erzählte mir, dass er einmal einen Artikel über eine psychiatrische Station in einem Krankenhaus in Jerusalem geschrieben hatte. Dort waren Verrückte aus der ganzen Welt untergebracht, die in die Heilige Stadt gepilgert waren, dort eine »Erleuchtung« gehabt hatten und dachten, sie seien Moses, Mohammed oder Jesus.

Trotz Erans Vorbehalten liehen wir uns am nächsten Tag das Auto der Mutter aus und fuhren zu unserem Übernachtungsbesuch nach Jerusalem. Vorher allerdings mussten wir Savta hoch und heilig versprechen, ihren Wagen für die Dauer unseres Jerusalem-Aufenthaltes auf einem bewachten Parkplatz abzustellen, damit wir nicht wieder ein horrendes Knöllchen kriegen würden. Was wir auch brav taten.

Von einem Taxi ließen wir uns dann bis an das große, braune Holztor unseres Hotels bringen. Nun waren wir nicht in irgendeiner Absteige untergekommen, sondern ich hatte uns im berühmten Österreichischen Hospiz mitten in der arabischen Altstadt einquartiert. Das Hotel wurde von deutschsprachigen Nonnen betrieben. Früher diente es als Pilgerherberge der katholischen Kirche.

Ich war von so viel Geschichtsträchtigkeit schwer beeindruckt. Im Gegensatz zu Eran. Denn kaum hatten wir eingecheckt und unser Gepäck aufs Zimmer gebracht, fing er an über Rückenschmerzen zu klagen. Er zog die Gardinen zu und legte sich aufs Bett.

Während unseres gesamten Jerusalem-Aufenthalts lag er im abgedunkelten Zimmer, eine ehemalige Mönchszelle, stöhnte vor Schmerzen und meckerte. Weil ihn der Muezzin aus der benachbarten Moschee mit seinen Gott-ist-groß-Rufen ständig aus dem Halbschlaf riss. Weil er außerdem keinen WLAN-Empfang für sein Handy hatte. Und weil er natürlich einfach nur wegwollte aus Jerusalem. Zweimal insgesamt schaffte es Miri, ihn zum Aufstehen zu bewegen. Einmal, um mit ihr die vielen herrenlosen Katzen im Palmengarten des Hospizes zu streicheln, das andere Mal, um ein Stück Apfelstrudel mit Schlagobers im Speisesaal zu essen, der dort von den österreichischen Nonnen serviert wurde. Ansonsten gab er sich seinen psychosomatischen Beschwerden hin.

Miri und ich zogen also allein los, um Jerusalem zu erkunden. Und tatsächlich, die Heiligkeit der Stadt schien vielen Menschen zu Kopfe gestiegen zu sein. Als Erstes lief uns ein schwitzender, nur mit Leinentuch um die Lenden bekleideter Philippino mit einem riesigen Holzkreuz auf dem Rücken über den Weg. Wir waren, ohne es zu wissen, mitten auf der Via Dolorosa gelandet. Anscheinend versuchte der Philippino, die letzten Leiden Jesu so realistisch wie möglich nachzuempfinden. Eine Gruppe älterer Polinnen trippelte hinter einem israelischen Reiseführer mit aufgespanntem Regenschirm her. Die fünfzehn frommen Frauen trugen alle die gleichen weißen Sonnenhüte mit dem Schriftzug »Holy Land

Tours« und hielten durchsichtige Plastiktüten in ihren Händen mit Fläschchen mit Weihwasser aus dem Jordan und Rosenkränzen »Made in China«.

Wir gingen weiter zur Grabeskirche. Es roch intensiv nach Weihrauch und Kerzen. Die Polinnen waren inzwischen auch hier angekommen und warfen sich voller Inbrunst auf den Boden vor dem großen, quaderförmigen Salbungsstein, auf dem Jesus gesalbt und von Maria und Maria Magdalena in Tücher gewickelt worden sein soll, nachdem sie ihn vom Kreuz geholt hatten. Auf dem Dach einer benachbarten Kirche saßen drei äthiopische Mönche in blauen Kutten, die unbeteiligt auf das fanatische Gebaren der eifernden Pilger hinunterschauten. Auch Miri wunderte sich nicht weiter über die auf dem Boden liegenden Frauen, die vor Ergriffenheit weinten. Sie kletterte neugierig auf die riesige Steinplatte, um herauszufinden, ob es dort etwas Besonderes zu sehen gab. Sehr zum Entzücken der polnischen Pilgerinnen, die Miri direkt an ihre Brüste drückten und abküssten. Eine der Polinnen holte sogar einen Rosenkranz aus ihrer Tüte und schenkte ihn Miri, nachdem sie ihn über den Salbungsstein gezogen hatte, damit er gesegnet sei.

Vom christlichen Viertel zogen wir weiter in den muslimischen Teil der Altstadt. In der Nähe des Damaskustors verkauften zwei Jungen, nur ein paar Jahre älter als Miri, Sesamkringel an langen Holzstangen. Neben ihnen hockte ein altes Weiblein mit weißem Kopftuch auf dem Boden und pries frische Minzbüschel an. Überhaupt, diese Kopftücher! Miri war fasziniert von den körperlosen Plastikköpfen mit roten, gelben, lila und blaumetallisch schimmernden Hidschabs, die in Reih und Glied in den Schaufenstern standen und sie aus grell geschminkten Gesichtern anschauten. Dahinter hingen mit unechten Goldmünzen umrandete Seidentücher, die frau zum Bauchtanz um die Hüften schlingen konnte. Miri wollte auf jeden Fall eins haben. Ich erhandelte ihr ein türkises Tuch mit gelbem Saum und klimpernden Münzen. Von nun an musste ich keine Angst mehr haben, Miri im Gedrängel zu verlieren, bei jedem Schritt läutete und bimmelte sie wie ein kleines Kalb auf der Schweizer Alm.

Die kinderlieben arabischen Händler waren entzückt von Miri mit ihren großen braunen Augen und den kleinen, abstehenden Ringelzöpfchen. Sie plauderten mit ihr in einem Kauderwelsch aus Arabisch, Hebräisch, Englisch und Deutsch und überschütteten sie mit Bonbons, Kaugummis und Armbändern mit blauen Plastikaugen-Anhängern gegen den bösen Blick.

Nebenbei schafften sie es gekonnt, mir jede Menge Souvenirs aufzuschwatzen. Vermutlich zu absoluten Wucherpreisen, aber das konnte ich ohne Eran an meiner Seite nicht einschätzen. Ich kaufte Miri eine Silberkette mit Hamza-Hand-Anhänger, auch gegen den bösen Blick. Dann erstand ich eine Holzkrippe für meine Eltern, angeblich handgeschnitzt aus Bethlehem, und mehrere Kissenbezüge, die laut Stoffhändler von seiner Mutter höchstpersönlich mit Blumenmustern bestickt worden waren.

Nach diesem Kaufrausch machten wir eine kurze Pause und bestellten zwei Becher mit frisch gepresstem Granatapfelsaft am Stand eines ungefähr vierzehnjährigen, pickeligen Jünglings. Die Vorfahren dieses Jungen mit seiner gusseisernen Hebelpresse hatten vermutlich schon vor Jahrhunderten an genau derselben Straßenecke gestanden, um den tiefroten, herben Saft zu verkaufen, sinnierte ich.

»Vielleicht wurde der Saft hier sogar schon zu Lebzeiten von Jesus verkauft«, sagte ich beeindruckt zu Miri. »Vielleicht kam Jesus sogar genau hier an dieser Straßenecke vorbei, als er am Palmsonntag nach Jerusalem eingezogen ist.«

Ich steigerte mich hinein in meine biblische Ergötzung. Vor meinem inneren Auge sah ich Jesus mit einem sanften Lächeln auf seinem Esel vorbeireiten, während seine Anhänger ihm laut zujubelten und den Weg vor ihm mit Palmwedeln bedeckten.

Gut, dass Eran nicht dabei war, er hätte in diesem Moment bei mir vermutlich bereits einen leichten Fall von Jerusalem-Syndrom diagnostiziert. Aber Miri ließ sich von meiner religionsgeschichtlichen Euphorie nicht im Mindesten beeindrucken.

»Ick muss pullern«, quengelte sie in ihrem besten Berlinerisch und holte mich jäh wieder zurück auf den Boden der Tatsachen. Ein bisschen zu spät allerdings, denn gleich nach ihrer Ankündigung guckte sie ganz entspannt, und ein kleines Bächlein lief an ihren Beinen hinunter auf die historisch bedeutsamen Jerusalemer Pflastersteine. Zum Glück hatte ich Wechselklamotten im Rucksack.

Nach Miris Malheur ging es bergab mit unserer Stimmung. Miri wollte nicht mehr laufen, jammerte, dass sie müde sei. Ich wollte aber auf keinen Fall schon wieder zurück ins Hotel zu Eran und seinen psychosomatischen Leiden.

Außerdem erinnerte ich mich daran, dass meine Schwester und ich als Kinder mit meinen Eltern auch tagelang romanische und gotische Kirchentouren in Frankreich über uns ergehen lassen mussten. Mit unserem pastellgelben Opel waren wir von Gotteshaus zu Gotteshaus gefahren. Wenn die Stimmung richtig schlimm wurde bei uns auf dem Rücksitz, bestochen unsere Eltern uns mit Eiscreme, um noch ein paar weitere Kirchen abklappern zu können. Das fand ich zwar langweilig, aber zurückblickend bin ich froh, dass meine Eltern uns als Kindern so viel Kultur nahegebracht haben. Ein bisschen kulturelle Bildung würde Miri auch nicht schaden.

Ich überredete sie, mit mir eine Stadtrundfahrt zu machen. So konnte sie wenigstens nicht mehr übers Laufen meckern. Wir fuhren im oberen Stock eines Doppeldeckerbusses mit einer chinesischen Reisegruppe und zwei brasilianischen Rentnerehepaaren hinüber zum Berg Skopus. Ich genoss den Blick auf die Stadt mit den vielen Kirchtürmen, Minaretten und goldenen Kuppeln. Weiter ging es zum Ölberg mit dem riesigen, baumlosen, jüdischen Friedhof. Ich erklärte Miri, dass Jesus vor zweitausend Jahren am Palmsonntag vom Ölberg nach Jerusalem eingezogen war und dass auch die Juden glauben, ihr Messias werde irgendwann von hier aus nach Jerusalem zum Jüngsten Gericht ziehen.

»Deswegen lassen sich die frommen Juden, die es sich leisten können, hier begraben«, erzählte ich Miri. »Sie wollen die Ersten sein, die dem Messias begegnen.«

Miri hatte kein Interesse an meinen historischen und religiösen Ausschweifungen.

»Ich will zurück zu Papa ins Hotel«, jammerte sie. Sie war müde und unterzuckert. Keine gute Kombination.

Wir stoppten den Bus, stiegen aus und liefen auf der Suche nach etwas Süßem hektisch durch die Straßen, bis wir wieder zu den engen, überdachten Gassen des alten arabischen Marktes gekommen waren. Miri meckerte in einer Tour und boykottierte meine touristische Begeisterung. Sie guckte bockig in die andere Richtung, als ich ihr einen Kaffeehändler zeigte, der seine frisch gerösteten Bohnen mit duftendem Kardamom vermischte und lärmend in seiner antiken Messingmaschine mahlte. Sie zerrte wütend an meiner Hand, als ich bei den Gewürzverkäufern hängen blieb, um die zu kegelförmigen Pyramiden aufgetürmten Kräuter zu fotografieren. Selbst die vielen zwitschernden Kanarienvögel, deren Käfige an den offenen Fensterläden der Hausfassaden hingen, konnten ihr kein Lächeln mehr abgewinnen. Irgendwann brüllte sie nur noch vor Hunger.

Ich zerrte sie schnell ins nächstbeste Restaurant. Es ging ein paar Treppenstufen hinunter durch die dicken Gemäuer in einen fensterlosen Laden. Sehr einladend sah es nicht aus. Die Wände und der Boden waren gekachelt, das ungemütliche, kalte Licht kam aus verschmutzten Halogenröhren. Aber das war jetzt egal. Wir setzten uns an einen der wackeligen Plastiktische. Die Speisekarte war nur auf Arabisch. Neben uns saßen mehrere Frauen in bodenlangen schwarzen Mänteln und dunklen Kopftüchern, jede für sich allein an einem Tisch. Müde sahen sie aus und abgekämpft, doch ihr Essen schien ihnen zu schmecken. Wir guckten, was sie aßen, und bestellten genau das Gleiche: Knafe. Das war eine knallorange Süßigkeit aus gerösteten Vermicelli-Nudeln, gefüllt mit warmem Ziegenkäse, getränkt in zuckrigem Sirup und dekoriert mit gehackten, grünen Pistazien. Auf langen Blechen trugen vorpubertäre Jungs immer wieder Nachschub aus der Küche in den Gastraum. Der

Kellner schnitt mit einem halbmondförmigen Messer zwei rechteckige Stücke für uns ab. Sobald Miri ein paar Löffel von dem zuckrigen Dessert gegessen hatte, verbesserte sich ihre Laune schlagartig. Die Knafe-Teilchen schmeckten sagenhaft gut. Wir waren beide begeistert, die Stimmung ging wieder bergauf. Ich entspannte und freute mich, dass Miri beim Essen pausenlos über unseren Ausflug plapperte und immer wieder stolz ihr neues Hamza-Silberkettchen befühlte. Zum Abschluss bestellte ich einen arabischen Kaffee für mich und Fanta für Miri. Unsere Miri-Mama-Entdeckungsreise durch Jerusalem war ein voller Erfolg, versicherten wir uns gegenseitig zufrieden.

Auf dem Rückweg zum Hotel wurde es schnell dunkel, und natürlich verliefen wir uns. Verschwunden waren die pittoresken Souvenirstände mit den bunten Tüchern und dem Silberschmuck, stattdessen waren die Straßen mit Müll übersät und schlecht beleuchtet. Wir waren die einzigen Touristen. Ich hatte jegliche Orientierung verloren. Je länger wir herumirrten, desto nervöser wurde ich. Als ich eine Frau nach dem Weg fragte, die, schwer bepackt mit Plastiktüten, gerade ihre Wohnungstür aufschloss, musterte sie mich nur feindselig, zuckte mit den Schultern und schloss die Tür hinter sich. Mit meinem kurzen Jeansrock, dem engen T-Shirt und meinen rosa Flipflops fühlte ich mich plötzlich sehr verletzlich und schutzlos. Ich zog Miri immer enger an mich und umklammerte ihre kleine Hand so fest, dass sie sich beschwerte, ich würde ihr wehtun. Wir gingen eine dunkle, enge Gasse hoch, die hohen, dreistöckigen Gebäude zu beiden Seiten schienen das letzte bisschen Licht der sporadischen Laternen zu verschlucken. Am

Ende der Gasse mussten wir rechtsherum durch einen kleinen Tunnel gehen.

Plötzlich knallte es ohrenbetäubend laut vor uns. Nicht nur einmal, sondern immer wieder, ganz schnell ratternd hintereinander. Gleichzeitig hörte ich mehrere Kinder in der Finsternis auf Arabisch schreien und sah silhouettenhaft einen Jugendlichen mit einem Maschinengewehr herumfuchteln. Nur ein paar Meter von uns entfernt. Panisch riss ich die heulende Miri zu Boden und warf mich auf sie. Mit meiner Hand presste ich ihren Mund zu, um ihr Kreischen zu unterdrücken und nicht die Aufmerksamkeit des schießenden Jungen auf uns zu lenken.

Die Sekunden auf dem dreckigen Boden im Müll müssen die längsten Momente meines Lebens gewesen sein. Ich hatte Todesangst. Und verstand erst überhaupt nicht, was der herbeigeeilte alte Mann von mir wollte, der plötzlich neben uns im Dreck kniete. Er streichelte beruhigend meinen Rücken und redete auf Arabisch auf mich ein. Zwischendurch brüllte er den Jugendlichen an, der daraufhin endlich mit dem Geballer aufhörte und sich trollte. In gebrochenem Englisch versuchte der alte Mann in seinem übergroßen, grauen Anzug mir zu erklären, was los war: Die Kinder hatten nur gespielt, das Gewehr war aus Plastik.

Er verscheuchte die kleinen Jungen, die neugierig um uns herumstanden und uns angafften, und half mir zurück auf die Beine. Dann wollte er Miri trösten, aber die kreischte nur noch hysterischer, als der fremde Mann sie streicheln wollte.

Ich nahm Miri auf den Arm. Wir waren beide verheult, unsere Gesichter verschmiert, und ich zitterte am ganzen Körper. Richtig beruhigen konnten wir uns nicht.

Willenlos ließen wir uns von dem alten Mann zu einem kleinen Platz in der Nähe bringen, auf dem ein paar israelische Soldaten herumhingen und rauchten. Er deutete uns an, zu den Soldaten hinüberzugehen und verschwand so plötzlich, wie er aufgetaucht war.

Miri und ich stolperten hinüber zu den Soldaten. Ich erklärte, dass wir uns verlaufen hätten, und fragte sie nach dem Weg zum Österreichischen Hospiz. Die schwer bewaffneten Männer guckten uns empathielos an. Wahrscheinlich war es nicht das erste Mal, dass sie sich mit aufgelösten und verirrten Touristen herumschlagen mussten. Sie waren mit kugelsicheren Westen, Stahlhelmen und hohen, schwarzen Stiefeln bekleidet. Die Maschinenpistolen, die sie quer über die Schultern trugen, waren dieses Mal echt. Ich fühlte mich leicht dämlich in meinem luftigen Outfit, aber wenigstens hatte ich jetzt keine Angst mehr.

Zwei der Soldaten begleiteten uns zurück zum Hotel. Ich beruhigte mich langsam. Miri war einfach nur stumm. Sie hatte noch immer angsterfüllte Augen, und nun umklammerte sie meine Hand so sehr, dass es wehtat. Auf dem Weg durch die Altstadt hielten mir die beiden Soldaten, die höchstens zwanzig Jahre alt waren, eine Standpauke.

»Wie konntest du nur so leichtsinnig sein, in die muslimischen Stadtteile zu gehen?«, blaffte mich einer der beiden Männer auf Englisch an. »Weißt du denn nicht, wie gefährlich das ist?«

»Und noch dazu mit einem Kleinkind«, erregte sich der andere. »Guck mal, wie traumatisiert das arme Mädchen ist.« Er zeigte mit seiner Uzi auf Miri, die sich sofort ängstlich hinter meinen Beinen versteckte.

»Wo kommt ihr überhaupt her?«, fragte der Erste. »Aus Schweden oder USA vielleicht?«

»Aus Deutschland«, antwortete ich kleinlaut. Die beiden Soldaten nickten wissend. Frei dem Motto: Auch das noch, jetzt müssen wir hier tatsächlich die Nachkommen der Nazis retten.

Zum Glück waren wir bald bei unserem Hotel angekommen. Ich bedankte mich artig bei den beiden Soldaten für ihren Begleitservice, und dann verschwanden wir schnell durch das Holztor, durchquerten den Palmengarten und fuhren erleichtert mit dem Aufzug hoch zu unserem Zimmer. Eran lag friedlich schnarchend auf dem Bett, ein aufgeschlagenes Buch an seiner Seite. Er hatte gar nicht gemerkt, wie spät es inzwischen geworden war.

Umso erschrockener war er, als ich ihn aufweckte und Miri sich heulend in seine Arme schmiss. Ich fing auch wieder an zu schluchzen. Weil ich immer noch völlig verstört war. Und vielleicht auch ein bisschen, damit Eran Mitleid hatte und sich nicht zu sehr über mich aufregte, als ich ihm stammelnd erzählte, was passiert war.

Eran blieb erstaunlich ruhig. Nur an seinem Gesichtsausdruck konnte ich erkennen, dass er sich sogar im Nachhinein noch schreckliche Sorgen um uns machte. Und dann war da noch ein anderer, leicht vorwurfsvoller Ausdruck in seinen Augen.

»Na, siehst du, ich habe es dir ja gesagt«, schienen seinen Augen zu sagen. »Hoffentlich bist du jetzt endlich von deinem blöden Jerusalem-Fimmel geheilt.«

Aber er hielt den Mund und sagte nichts.

Als wir am nächsten Morgen aus dem Hotel auscheckten, hatte Eran wesentlich bessere Laune als ich. Der Schrecken des Vorabends steckte mir immer noch in den Knochen. Wir nahmen ein Taxi zum Parkplatz, bezahlten dem Wächter ein Fünftel des Geldes, das wir beim vorherigen Mal für den Strafzettel hingeblättert hatten, und fuhren zurück nach Tel Aviv. Eran drückte aufs Gas, kurbelte das Fenster hinunter und drehte den Radiosender Galgalatz voll auf. Lauthals sang er bei den alten, israelischen Schlagern mit. Zum Glück spielten sie heute nicht »Yeruschalayim schel Zahav« – ich hatte bis auf Weiteres tatsächlich genug von Jerusalem. Rasend schnell fuhr Eran die Autobahn Richtung Küste hinunter. Er strahlte, als er endlich das blaue Meer am Horizont erblickte. Und seine Rückenschmerzen hatten sich auch in Luft aufgelöst.

8. Jesus, Moses und Allah

Unser Ausflug nach Jerusalem hatte die damals dreijährige Miri schwer beeindruckt. Tagelang malte sie Bilder mit Kreuzen, Davidsternen, Mondsicheln und Soldaten. Als wir eine Woche später nach Berlin zurückflogen, guckten Eran und sie zusammen aus dem Fenster des Flugzeuges. Die Maschine gewann langsam an Höhe. Doch statt wie üblich direkt übers Mittelmeer Richtung Nordwesten zu fliegen, drehte der Flieger noch eine Ehrenrunde über Israel. Eran schaute hinunter und sah, dass wir an Jerusalem vorbeiflogen.

»Guck mal, Miri«, sagte er und deutete auf die hügelige, helle Stadt im Osten. »Dort unten ist Jerusalem, da waren wir doch erst vor ein paar Tagen.«

Miri lehnte sich, soweit es ihr mit dem Beckengurt möglich war, zu ihm hinüber. Sie erinnerte sich bestimmt an die vielen denkwürdigen Momente unserer Jerusalem-Reise. Aufgeregt hibbelte sie auf ihrem Sitz herum, und dann fing sie plötzlich an, laut zu schreien.

»Allahu Akbar ... Allahu Akbar«, brüllte sie immer wieder und ahmte den langgezogenen Ruf des Muezzins täuschend echt nach. Vielleicht wollte sie Eran necken, der sich im Hotel über den Gebetsrufer geärgert hatte, weil er ihn immer wieder aus dem Schlaf gerissen hatte.

Die anderen Fluggäste in unserer Sitzreihe schauten

Miri lächelnd an und amüsierten sich. Nicht so allerdings die israelischen Passagiere, die weiter vorne und hinten saßen und Miri nicht sehen konnten. Wir spürten förmlich, wie sie erstarrten. Es wurde schlagartig still im Flugzeug. Die Stewardessen guckten verstört in die Richtung, aus der Miris Gebrüll kam.

Wie alle Israelis waren sie darauf konditioniert, immer und jederzeit mit einem terroristischen Angriff zu rechnen. Und spätestens seit den Anschlägen vom 11. September in den USA wussten alle, dass muslimische Terroristen gerne »Allahu Akbar – Gott ist groß« brüllen, bevor sie zuschlagen. Hatte es etwa eine Selbstmordattentäterin geschafft, sich trotz massivster Sicherheitskontrollen am Ben-Gurion-Flughafen in unser Flugzeug einzuschleichen? War sie kurz davor, die Strippe ihres Sprengstoffgürtels zu ziehen und das Flugzeug in die Luft zu jagen? Vor lauter Panik schienen die meisten Flugpassagiere nicht zu realisieren, dass es sich um die Stimme eines kleinen Mädchens und nicht einer lebensmüden Muslimin handelte.

Eran reagiert schneller als ich. Er hielt Miri den Mund zu und zischte sie an, leise zu sein. Miri war empört. Gerade hatte sie sich noch mit ihrem Vater über den Blick auf Jerusalem gefreut, und jetzt hielt er ihr den Mund zu? Sie versuchte, seine Hand von ihrem Mund zu schieben und fing an zu heulen. Inzwischen waren drei Stewardessen zu uns herübergelaufen, um zu sehen, was los war. Eran entschuldigte sich mit rotem Kopf auf Hebräisch. Ich saß stumm daneben und wusste nicht, was ich tun oder sagen sollte. Die Stewardessen lachten erleichtert und gingen zurück, um den anderen Fluggästen Entwarnung zu geben. Kurz darauf kamen sie noch mal wieder und brachten Miri Schokolade und Buntstifte. Israelis sind so kinderlieb, dass sie ihnen sogar terroristische Spielereien verzeihen. Wobei Miri ja gar nicht wusste, was für einen Schrecken ihr Muezzin-Ruf bei den anderen Fluggästen ausgelöst hatte.

Während ihrer Kindergartenzeit kam Miri häufig mit den vielen Religionen in ihrem Leben durcheinander. Nicht nur wenn sie in Israel war, auch zu Hause hatte sie manchmal Schwierigkeiten, die Protagonisten des Monotheismus auseinanderzuhalten.

Jesus und Moses verwechselte sie als Kleinkind besonders häufig.

»Mama, können wir an Weihnachten denn wieder die Krippe vom Moses-Baby unterm Weihnachtsbaum aufstellen?«, fragte sie. Nur um mir am nächsten Tag ein Bild zu zeigen, auf dem sie das »Jesus-Baby« in einem Binsenkörbchen auf dem Nil gemalt hatte.

Sie fragte eine israelische Bekannte aus der Nachbarschaft, ob sie denn schon ihren Adventskalender bekommen hätte. Die Bekannte, Tochter eines Holocaust-Überlebenden, war pikiert und warf mir einen abschätzigen Blick zu. Wie konnten wir dem armen jüdischen Mädchen mit solchen christlichen Bräuchen den Kopf verdrehen (sie konnte sich wohl nicht vorstellen, dass ich nicht konvertiert und Miri streng gesehen gar nicht jüdisch war).

Auch andere Bekannte erkundigten sich besorgt, ob der religiöse Mischmasch bei uns zu Hause denn nicht abträglich für das Seelenheil unserer Kinder sei.

Eigentlich nicht. Denn was ist denn schädlich daran, wenn man als Kind das Beste aus beiden Welten bekommt? Miri und Ari feiern Ostern und Pessach, Weihnachten und Chanukka, Karneval und Purim. Wer hat sonst schon so ein Glück, alle Feste aus zwei Kulturen begehen zu dürfen?

Zu Purim, der jüdischen Version des Karnevals, hatte Erans Mutter aus Israel ein kitschig-schillerndes Elsa-Kostüm für Miri geschickt, weil sie damals so begeistert vom Disney-Film »Die Eiskönigin« war. Miri liebte ihr Kostüm. Und Ari freute sich maßlos, als er in Savtas Päckchen eine israelische Polizeiuniform für sich entdeckte – ein martialischer Anblick in Camouflage-Blau mit hebräischen Schriftzeichen, israelischer Fahne am Revers, Handschellen und einem riesigen Schlagstock, den ich sofort konfiszierte. Eran schüttelte sich vor Grauen, als er die Uniform sah, und versuchte, seinem Sohn stattdessen ein harmloses Marienkäferkostüm aufzuschwatzen. Aber Ari guckte den roten Filzumhang mit den schwarzen Punkten nur verächtlich an und sagte dann zu Eran: »Ich bin doch kein Baby mehr.«

Er zog seine neue Uniform nicht nur zum Purimfest bei unseren israelischen Freunden und in der Synagoge an, sondern marschierte damit ein paar Wochen später auch stolz in die Kita zur Faschingsfeier. Besorgt liefen Eran und ich hinter ihm her, immer auf der Ausschau nach links-pazifistischen Eltern, die an Aris paramilitärischem Look Anstoß nehmen könnten. Aber zum Glück waren die meisten Eltern zu sehr damit beschäftigt, ihren eigenen Nachwuchs zu bewundern und zu fotografieren, um Ari auch nur eines Blickes zu würdigen. Eine befreundete Kita-Mutter schrieb mir am Abend nach der Feier sogar noch per SMS, dass ihre Tochter Ari in seiner Uniform sehr schmissig gefunden habe. Die Bewunderung war gegenseitig, denn auch Ari hatte mir nach der Kita schwärmerisch von den Stöckelschuhen erzählt, die eben jenes Mädchen, seine Freundin Tine, zu ihrer Prinzessinnenverkleidung getragen hatte.

Tine fand auch Gefallen an Aris buntbestickter Kippa (natürlich ebenfalls ein Geschenk von Savta), die er phasenweise in der Kita trug. Im Gegensatz zu Miri, die immer sehr sensibel wegen ihrer Hautfarbe war, ging Ari mit seiner Bikulturalität sehr entspannt um. Aber er sah ja auch wie alle anderen deutschen Kinder in der Kita aus mit seinen blonden Löckchen, der hellen Haut und den blauen Kulleraugen. Als ich ihn einmal fragte, warum er seine Kippa wochenlang sogar beim Schlafen nicht ausziehen wollte und sie dann wieder monatelang keines Blickes würdigte, erklärte er: »Mami, das ist doch ganz logisch: Ich trage die Kippa immer nur ein bisschen, weil ich auch nur ein bisschen Israeli bin.«

»Chetzi-Chetzi sozusagen«, schob er noch in seinem Ari-üblichen deutsch-hebräischen Kauderwelsch hinterher. »Chetzi-Chetzi« heißt auf Hebräisch so viel wie halb-und-halb oder fifty-fifty. Er fand, dass er halb Israeli und halb Deutscher war, und damit war er sehr zufrieden.

Mit dem Sprachengemisch in unserem Haushalt verhält es sich ähnlich wie mit den Religionen. Eran spricht mit den Kindern Hebräisch. Ich spreche mit ihnen Deutsch. Eran und ich sprechen miteinander Englisch. Und die Kinder sprechen miteinander Deutsch. Aber wenn wir in Israel sind, da fangen sie nach ein paar Tagen an, sich auf Hebräisch zu unterhalten. Das mag von außen etwas befremdlich und verwirrend wirken, und wenn wir vier in Berlin mit der Tram unterwegs sind und alle drei Sprachen gleichzeitig benutzen, schauen die anderen Fahrgäste uns manchmal ziemlich verdutzt an ob des babylonischen Sprachengewirrs. Aber eigentlich funktioniert es problemlos und gut.

Unsere Kinder konnten bereits zu Kitazeiten fließend Deutsch und Hebräisch sprechen und verstanden auch damals schon fast alles, was Eran und ich auf Englisch miteinander besprachen. Manchmal sehr zu unserem Leidwesen, denn sobald Eran oder ich das Wort »shower« am Abendbrottisch auch nur erwähnten, rannten beide Kinder fluchtartig aus dem Esszimmer, um der verhassten Duscherei zu entrinnen.

Es wäre jedoch gelogen, zu behaupten, dass alle unsere interkulturellen und -religiösen Events so harmonisch ablaufen würden wie unser buntes Sprachenallerlei und die integrativen Weihnachts- und Chanukkafeiern.

Im Jahr vor Miris Einschulung wurden wir im Herbst zur Hochzeit meines Vetters Markus nach Bayern eingeladen, in das kleine Dorf Aiglsberg in Niederbayern, in dem mein Vater seine Kindheit verbracht hatte. Ehrlich gesagt, ich kannte den Cousin gar nicht. Ich wusste nur, dass er Schreiner war und seine zukünftige Frau Renate im katholischen Kirchenchor kennengelernt hatte. Mein Vater freute sich, mit der ganzen Familie, den Töchtern, Schwägern, vier Enkelkindern und natürlich meiner Mutter nach Aiglsberg zu fahren. Wir mieteten den halben Gasthof gegenüber der barocken Dorfkirche an. Die Kinder rannten gleich nach der Ankunft in den Hotelgarten und sammelten tütenweise Walnüsse ein, während wir Erwachsenen in der holzvertäfelten Gaststube des Hotels Kaffee und Rohrnudeln genossen.

Es gab nur ein Problem: Abends nach Sonnenuntergang würde Jom Kippur beginnen. Der jüdische Feiertag dauerte bis zum nächsten Abend nach Sonnenuntergang an. In unserem üblichen Balagan – auf Deutsch Chaos – hatten wir erst ein paar Tage vor unserer Bayernreise realisiert, dass Jom Kippur auf den Tag der Hochzeit fallen würde.

Jom Kippur ist für Eran und die meisten anderen Juden der wichtigste jüdische Feiertag des gesamten Jahres. An diesem Feiertag versöhnen sich die Juden jedes Jahr mit Gott. Und da dies nur möglich ist, wenn man sich vorher auch mit seinen Mitmenschen versöhnt hat, mit denen man sich im Laufe des vergangenen Jahres gestritten hatte, entschuldigt sich Eran auch jedes Mal an Jom Kippur für alle Taten und Sprüche, mit denen er mich hätte verletzt haben können. Allerdings bleibt er dabei immer sehr vage und transzendent, selbst wenn ich versuche, ihn auf konkrete Situationen festzunageln, die meiner Meinung nach auf jeden Fall eine Entschuldigung verlangt hätten.

Jom Kippur ist auch der einzige Tag neben Weihnachten, an dem Erans Restaurant geschlossen bleibt. Er trägt ausnahmsweise die ganze Zeit seine weiße Seidenkippa, und wie viele Juden auf der Welt fastet er. Wenn wir an Jom Kippur in Israel sind, spazieren wir über die leeren Straßen, denn keiner fährt an Jom Kippur mit dem Auto. Eran geht mit den Kindern in die Synagoge zum Beten, und abends sind wir zum Fastenbrechen meist bei Onkel Zvi eingeladen. In Berlin geht Eran auch manchmal in die Synagoge, aber die meiste Zeit sitzt er nur auf dem Sofa und guckt Filme. Spätestens am frühen Nachmittag fängt er an, über seine Kopfschmerzen zu klagen, weil er ja auch über 24 Stunden lang nichts trinkt.

In Aiglsberg gab es natürlich weder andere Juden, geschweige denn eine Synagoge. Am Abend vor der Hochzeit und dem Beginn von Jom Kippur ging unsere Großfamilie geschlossen ins Wirtshaus Zum goldenen Löwen gegenüber vom kleinen Rathaus. Zur Freude der Kinder gab es eines ihrer Lieblingsessen: Schweinsbraten mit Semmelknödeln und Krautsalat (irgendwo müssen ja schließlich auch die bayerischen Gene großväterlicherseits bei ihnen durchschlagen).

Eran guckte pikiert, mein Vater machte seinen üblichen Spruch über »good beef«, und ich wies ihn darauf hin, dass die Sonne noch nicht untergangen sei, Jom Kippur also noch nicht angefangen hatte.

»Du kannst ja gleich nach Sonnenuntergang um Vergebung für diese unkoschere Sünde bitten«, schlug ich ihm vor. »Es geht doch schließlich um Buße und Versöhnung an Jom Kippur, oder?«

»Soll ich vielleicht auch noch einen Ablassbrief kaufen und dem Dorfpfarrer über meine Schweinsbratensünde beichten?«, fragte Eran zynisch. Nur um mir im nächsten Satz klarzumachen, dass ich seinen Feiertag mit meinem abendländisch-christlichen Religionsverständnis völlig falsch interpretiert hatte.

»Bei uns kann man nicht einfach jede Woche im Beichtstuhl sitzen, um Vergebung bitten, ein paar Ave-Maria mit dem Rosenkranz beten, und schon ist alles wieder gut«, sagte er unwirsch und schob seinen Teller mit dem Schweinsbraten zur Seite.

Diesmal hatte die deutsche Schwiegerfamilie seine religiösen Befindlichkeiten wirklich ein bisschen zu sehr auf die leichte Schulter genommen.

Am nächsten Morgen trafen wir uns zum Frühstück

alle in der Gaststube des Hotels. Nur Eran blieb oben auf dem Zimmer, denn er fastete nun. Wir holten ihn ab, als die Glocken zur Hochzeitsmesse läuteten. Da er noch im Schlafanzug im Bett lag, kamen wir natürlich mal wieder zu spät und zogen erst nach dem Brautpaar in die festlich mit Blumengewinden geschmückte Kirche ein. Unauffällig setzten wir uns auf eine der letzten Kirchenbänke an den Rand. Eran hatte seine Kippa nicht aufgezogen, ich wusste nicht, ob er sie in der Eile vergessen hatte oder ob ihm der Kirchbesuch mit Kippa einfach zu viel des Guten war.

Die Orgelmusik dröhnte durch das Kirchenschiff, die Sonnenstrahlen brachen sich in den bunten Fenstern und tauchten die Hochzeitsgesellschaft in leuchtende Farben. Mir war ganz feierlich zumute. Ich hatte Klein-Ari auf meinem Schoß und genoss das traditionelle Hochzeitsspektakel, bis Miri und Eran auf einmal anfingen, aufgeregt miteinander zu flüstern. Mein Vater, der mit meiner Mutter auf der Bank vor uns saß, drehte sich um und sah uns tadelnd an. Ich stieß Eran mit meinem Ellbogen in die Seite. Doch er und Miri hörten nicht auf mit ihrem Getuschel. Dabei guckten sie die ganze Zeit hoch an die Kirchenwand zu ihrer rechten Seite. Dort hing, quasi direkt über Erans Kopf, ein leidender Jesus am Kreuz. Mir war das nicht weiter aufgefallen, schließlich hängen in allen christlichen Kirchen der Welt Jesus-Skulpturen an ihren Kreuzen.

Aber Eran und Miri konnten ihren Blick nicht abwenden von diesem Jesus. Hypnotisiert starrten sie nach oben. Zugegeben: Der Heiland sah täuschend echt aus. Lebensgroß und äußerst naturalistisch, wie ein richtiger Mensch eben. Man konnte genau seine blonde Haarpracht und jeden einzelnen Stachel der Dornenkrone auf seinem Haupt erkennen. Und auch die Bluttropfen, die ihm über das verzweifelte Gesicht rollten und aus den Handgelenken flossen, an denen er mit riesigen Nägeln ans Kreuz genagelt war, sahen verblüffend echt aus. Unwillkürlich guckte ich auf Erans Schultern, um zu sehen, ob er ein paar Bluttropfen abbekommen hatte. Aber sein blaues Hemd, das einzige, das er besaß, und das wir in New York zu unserer eigenen Hochzeit gekauft hatten, war unversehrt und blütenrein.

Miri drückte sich eng an Eran und fing fast an zu weinen angesichts dieser lebensgetreuen Darstellung der Leiden Christi. Eran guckte mich empört an.

»Bei aller Liebe für deine Familie«, schnaufte er. »Aber muss ich an Jom Kippur wirklich unter einem blutenden Jesus sitzen? Gleich erzählt der Pfarrer wahrscheinlich noch, dass wir Juden euren Jesus ermordet haben!«

»Das tut mir wirklich total leid, Eran«, flüsterte ich ihm zu. Zwar soll man an Jom Kippur als Jude leiden, aber bestimmt nicht in einer bayerischen Barockkirche mit blutendem Jesus überm Kopf.

Ein weiterer strafender Blick meines Vaters nach dem Motto: »Das werdet ihr mir büßen, wenn ihr nicht auf der Stelle euren Mund haltet«, brachte uns alle zum Schweigen.

Sobald die Glocken läuteten und das Ende des Gottesdienstes ankündigten, stürzten Eran und Miri aus der Kirche. Noch bevor das frisch getraute Ehepaar aus dem Kirchentor geschritten war und die Blumenmädchen ihre Rosenblütenblätter geworfen hatten, waren die beiden schon fluchtartig über den Dorfplatz zurück ins Hotel gerannt.

Bevor sich die Aiglsberger Hochzeitsgesellschaft am Nachmittag wieder zu Kaffee und Kuchen im Gemeindesaal der Kirche traf, gab es eine kleine Pause. Eran blieb im Hotel, ich ging mit den Kindern und ihren Cousinen im Garten spielen. Als wir kurz vor dem Kaffeetrinken ins Zimmer kamen, sah ich, wie Eran, der auf dem Bett saß, schnell etwas unter der Decke versteckte und unauffällig schluckte. Neugierig, wie ich war, schaffte ich es natürlich nicht, so zu tun, als sei nichts gewesen, sondern zog mit einem Schwung die Decke von ihm herunter. Auf seinem Schoß lag ein halb aufgegessener Hefezopf.

»Den hat dein Vater mir vorbeigebracht«, erklärte Eran. »Weil doch heute auch noch Schabbat ist.«

Mein Vater konnte es nicht ertragen, irgendjemanden aus seiner Familie hungrig zu sehen. So wie auch Eran es nicht ertragen konnte, die Kinder und mich hungrig zu sehen. Also war mein Vater nach der Hochzeitsmesse beim Bäcker vorbeigegangen und hatte Eran einen bayerischen Zopf gekauft, weil er doch weder zum Abendessen noch zum Frühstück etwas gegessen hatte. Der Zopf sah genauso aus und schmeckte auch fast wie Challa, er war nur ein bisschen süßer. Und mein Vater wusste, dass es am Schabbat bei uns immer Challa gab. Dass außerdem heute noch Jom Kippur war und Eran weder essen noch trinken durfte, hatten wir meinen Eltern gar nicht erst erzählt. Dann hätten sie sich nur schlecht gefühlt wegen dieser Feiertagskollision und doch nichts daran ändern können.

»Ich war so hungrig, weil ich gestern schon das Abendessen ausfallen lassen hab«, klagte Eran. »Als der Zopf dann die ganze Zeit auf dem Tisch lag und geduftet hat, konnte ich mich einfach nicht mehr zurückhalten.

Und außerdem ist es mir bei dieser geballten christlichen Übermacht hier eh unmöglich, Jom Kippur einzuhalten.« Er seufzte und biss dann herzhaft in den frischen Challa-Zopf hinein. Wenigstens hatte er klargemacht, wer daran schuld war, dass er seine Fastenzeit nicht einhalten konnte.

Beim nachmittäglichen Kaffee und Kuchen im Gemeindesaal hielt Eran sich dann erst gar nicht mehr zurück und stürzte sich auf Pflaumendatschi und Krapfen, als hätte er tagelang nichts zu essen bekommen. Dabei schaute er sich das Bühnenprogramm der Hochzeitsveranstaltung mit einem leicht erstaunten, leicht befremdeten Gesichtsausdruck an, so, als sei er ein Ethnologe auf Forschungsreise in Amazonien. Und vermutlich waren die Sketche, die die eingeborenen Bayern auf der Bühne vorführten, auch so bizarr für ihn, dass er sie sich selbst in seinen wildesten Träumen nicht hätte ausdenken können. Zugegeben: Sogar ich war ein bisschen verwundert, dass die Trauzeugen einen zünftigen Schuhplattler nach dem anderen aufs Parkett legten und in jeder kleinen Pause durstig ihr Bier tranken. Bis auf uns Zugereiste waren fast alle Gäste in Dirndln und Lederhosen erschienen. Sie redeten zudem ein so derbes Bairisch, dass ich mir nicht einmal die Mühe machte, für Eran zu übersetzen. Erstens verstand ich zwei Drittel selbst nicht, und das Restliche, was auf der Bühne vor sich ging, war so zotig, dass ich es Eran mit seinem nahöstlichen Schamgefühl nicht antun wollte.

Miri und Ari sowie ihre beiden gleichaltrigen Cousinen amüsierten sich dagegen prächtig und lachten unablässig über die Hochzeitsspiele, und Miri fing sogar am Ende der Hochzeitsfeier den weiß-blauen Brautstrauß.

Die Kinder und wir anderen freuten uns auch, als mein Vater uns am Tag nach der Hochzeit eine Tour durchs Dorf gab. Er zeigte uns das kleine, mit Rosenstöcken fast zugewachsene Häuschen, in dem er als Kleinkind mit seiner Mutter während des Krieges gelebt hatte, als sein Vater an der Front war. Beeindruckt stiegen wir mit ihm die steilen Treppen hinunter in ein tiefes, feuchtes Kellergewölbe, in dem er und seine Verwandten während der Fliegerangriffe Schutz gesucht hatten. Am Schluss besuchten wir alle den Dorffriedhof und legten frisch geschnittene Sonnenblumen auf das Grab seiner Eltern.

Leider können sich die Kinder inzwischen nicht mehr richtig an alle Details unserer denkwürdigen bayerischen Jom-Kippur-Hochzeit erinnern. Nur Miri hat in den Jahren seitdem eine regelrechte Jesus-Phobie entwickelt. Zum Glück trifft man im atheistischen Berlin nicht so häufig auf barocke Bilder des Heilands. Aber jedes Mal, wenn wir meine Tante in München besuchen und in eine Wirtschaft einkehren, setzt Miri sich immer so hin, dass sie die allgegenwärtigen Kruzifixe an den Wänden nicht sehen muss. Einmal fragte sie mich, was denn eigentlich immer die vier Buchstaben »I.N.R.I.« über dem Kopf des Erlösers bedeuteten.

»Iesus Nazarenus Rex Iudaeorum«, erklärte ich ihr. »Das ist Latein und bedeutet ins Deutsche übersetzt, ›Jesus von Nazareth, König der Juden‹.«

»Was?!«, rief sie empört. »Mein König ist dieser Jesus aber bestimmt nicht! Was soll das denn für ein König sein, der einem nur Angst macht, wie er da so sterbend und blutend an seinem Kreuz hängt?«

9. Zwischen allen Stühlen

In unserem ersten gemeinsamen Berliner Winter ist Eran einfach abgehauen.

Vorher hatte er wochenlang über die Dunkelheit gejammert.

»Sogar in New York, wo es viel kälter war als hier, hat wenigstens manchmal die Sonne geschienen«, beschwerte er sich. »Diese Dunkelheit in Berlin ist echt deprimierend. Hier ist es ja schon um vier Uhr nachmittags stockfinster!«

Tatsächlich hatte sich die Sonne seit Wochen nicht mehr blicken lassen. Sie war bis auf Weiteres hinter einer undurchdringlichen, dunkelgrauen Wolkendecke verschwunden. Selbst mittags um zwölf musste man das Licht anmachen, wenn man in der Wohnung die Zeitung lesen wollte. Aber da lag Eran ohnehin noch im Bett. Nachmittags wollte er wegen der Kälte nicht hinaus zu seinem Sprachkurs in der Volkshochschule, abends blätterte er unmotiviert in seinem Deutsch-als-Fremdsprache-Textbuch und regte sich auf, dass er sich die deutsche Grammatik nicht merken konnte. Schwache Verben und starke Verben, Genitiv und Dativ, Plusquamperfekt und Futur II, … »Hebräisch ist ja so viel einfacher«, fluchte er, und nach ein paar frustrierten Versuchen schmiss er seine Unterlagen in die Ecke und guckte lieber die ganze

Nacht American Football im Internet. An seinem Buch wollte er auch nicht weiterschreiben.

Wir waren erst seit ein paar Monaten zusammen und hatten jeder noch eine eigene Wohnung. Eran lebte in einem unsanierten Altbau in Friedrichshain, ich zur Untermiete im Prenzlauer Berg. Seit Silvester hatte Eran seine Wohnung kaum noch verlassen. Wenn er einmal draußen war, beschwerte er sich über den durchdringenden Kohlengestank, der in der Luft hing, besonders im ehemaligen Ost-Berlin, wo viele Bewohner damals noch mit Briketts heizten.

Ende Januar musste ich kurzfristig für ein paar Tage auf Recherchereise nach Süddeutschland. Ich hatte keine Zeit, mich persönlich von Eran zu verabschieden, aber ich rief ihn aus dem Zug an und sagte Bescheid. Er jammerte, dass er nun ganz allein sei im kalten Berlin, aber daran konnte ich auch nichts ändern. Zwei Tage lang rief er mich ständig an, wenn ich mitten in Interviews war. Dann hörte ich auf einmal gar nichts mehr von ihm. Wenn ich ihn in seiner Wohnung anrief, ging immer nur der Anrufbeantworter dran. Sein Handy war auch abgestellt.

Ich fing an, mir ernstlich Sorgen um ihn zu machen. Nach meiner Rückkehr nach Berlin wollte ich schon bei seiner Wohnung vorbeifahren, um herauszufinden, ob er so tief in seine Winterdepression versunken war, dass er noch nicht einmal mehr sein Telefon abnehmen konnte, da bekam ich einen Anruf von einer israelischen Handy-Nummer.

»Schalom motek scheli, manischma? – Hallo, mein Schatz, wie geht es dir?«, hörte ich eine fröhliche Stimme von ganz weit weg. Die Verbindung war schlecht, es rauschte furchtbar, aber es war eindeutig Eran.

»Wo bist du?«, fragte ich überrascht. Ich war gerade auf dem abendlichen Heimweg von der Redaktion zu meiner Wohnung und stapfte müde durch den Schnee und die Dunkelheit. Die Wollmütze hatte ich tief ins Gesicht gezogen, den dicken Schal mehrfach um den Hals gebunden, meinen wärmsten Daunenmantel eng um den Körper gewickelt, und trotzdem schlotterte ich vor Kälte. »Ich versuche schon seit Tagen, dich zu erreichen!«

»Ich sitze am Strand in Tel Aviv mit Assaf, es ist herrlichstes Wetter hier«, brüllte Eran ins Telefon. Jetzt verstand ich auch, wo das Rauschen herkam, es war die Brandung des Mittelmeers, die ich im Hintergrund hören konnte. Assaf war einer seiner besten Freunde aus der Zeit, als er in Tel Aviv als Journalist gearbeitet hatte.

»Ich hab nur Shorts und ein T-Shirt an, die Sonne brennt richtig«, berichtete Eran euphorisch. Ich schloss meine kalte, einsame Berliner Hinterhofwohnung auf. »Das bin ich gar nicht mehr gewohnt, diese Hitze! Eben war ich sogar schon bis zu den Knien im Wasser, es ist überhaupt nicht kalt.« Er plauderte vergnügt weiter.

Ich schälte mich derweil aus meinen diversen Kleiderschichten und warf dann einen hungrigen Blick in den leeren Kühlschrank.

»Hmpf, warum hast du mir eigentlich nicht gesagt, dass du nach Israel fliegst?«, fragte ich missmutig. Seine Begeisterungsstürme konnten mich gerade gar nicht mitreißen, auch wenn ich erleichtert war, endlich ein Lebenszeichen von ihm erhalten zu haben.

»Ach, Habibti«, Eran benutzte das arabische Wort für Baby, das machte er immer, wenn er besonders gute Laune hatte. »Ich konnte dich irgendwie nie erreichen, und dann hab ich so einen billigen Last-Minute-Flug im

Internet gefunden und direkt zugeschlagen. Aber komm doch auch hierher, es ist wirklich wunderbar und so warm, das würde dir prima gefallen hier, glaub mir! Wir sitzen gerade im Banana Beach Café und schauen uns den Sonnenuntergang an.«

»Natürlich wäre ich jetzt auch lieber am Strand als hier in Berlin, aber was ist denn mit meinem Job?«, fragte ich gereizt. »So kurzfristig kriege ich eh keinen Urlaub.«

Ich konnte es nicht leiden, wenn er einen auf frei und ungebunden machte und ich den Part der spießigen deutschen Arbeitnehmerin übernehmen durfte.

»Im Übrigen, was ist denn eigentlich mit deinem Deutschkurs, hast du den etwa geschmissen?«, erkundigte ich mich bei ihm. Angriff war doch immer noch die beste Verteidigung. Und in Sachen Pflichtbewusstsein konnte sich Eran noch so einiges von seiner deutschen Freundin abschauen, fand ich.

»Ach, die paar versäumten Lektionen hol ich locker nach, wenn ich wieder da bin, ich habe sogar extra meine Deutschbücher mitgenommen«, sagte er cool und fing dann an, sich nebenbei mit seinem Freund auf Hebräisch zu unterhalten. Unser Gespräch ging offensichtlich in eine Richtung, die ihm nicht gefiel. Seine Aufmerksamkeit ließ rapide nach.

Ich war mir ziemlich sicher, dass Erans Bücher immer noch in der gleichen Ecke seines Wohnzimmers lagen wie vor meiner Recherchereise. Aber selbst wenn er mich nicht anflunkerte und die Bücher mitgenommen hatte, würde er sie garantiert kein einziges Mal aus seinem Koffer herausholen.

Was mich zu meiner nächsten Frage brachte: »Wann kommst du eigentlich wieder zurück nach Berlin?«

»Aaaach, das hab ich mir noch gar nicht überlegt,« sagte Eran langgezogen und fing dann an, über irgendetwas zu lachen, was ihm Assaf erzählte. »Ich muss mal gucken, ob ich einen billigen Rückflug finden kann demnächst.« Er säuselte noch schnell »Ich vermiss dich hier total, Baby« in den Hörer und »Jetzt müssen Assaf und ich mal Abendessen gehen«, und dann war unser Gespräch vorbei.

Erans Vermiss-Anfälle nach mir schienen sich in Grenzen zu halten. Selbst zu seinem hebräischen Geburtstag, der laut jüdischem Kalender auf den Tu-BiSchwat-Feiertag fällt, kam er nicht zurück nach Berlin. An Tu BiSchwat feiert man in Israel das Neujahrsfest der Bäume, weil die kühle Regenzeit vorbei ist und alles wieder anfängt zu wachsen und zu sprießen. Kinder pflanzen Baumsetzlinge in den Gärten und Parks, und zu Hause bei den Familien stehen Teller mit verschiedenen getrockneten Früchten wie Datteln, Feigen und Aprikosen auf dem Tisch. Da Tu BiSchwat meist auf Anfang Februar fällt (Erans »westlicher« Geburtstag ist der vierte Februar), konnte in Berlin natürlich noch nicht von Sprießen und Wachsen die Rede sein. So feierte Eran seinen Geburtstag zusammen mit der Familie bei frühlingshaften Temperaturen am Strand, während ich in Berlin langsam, aber sicher auch in Winterstarre verfiel.

Erst Wochen später, nachdem ich Eran mehrmals versichert hatte, dass die Temperaturen in Berlin wieder weit über dem Gefrierpunkt lagen und die Sonne erst nach 18 Uhr unterging, kam er endlich zurück. Braun gebrannt und erholt, während ich nach dem sechsmonatigen Berliner Winter aus dem letzten Loch pfiff. So richtig habe ich ihm diese Flucht bis heute nicht verziehen.

Mit zwei kleinen Kindern und einem Restaurant kann sich Eran solche Eskapaden inzwischen nicht mehr leisten, ohne eine ernsthafte Ehekrise herbeizuführen. Das weiß auch er. Aber manchmal, wenn das Heimweh ihn trotzdem wieder packt, während der langen ostdeutschen Winter, dann geht er auf die Suche nach ein bisschen nahöstlicher Wärme in die Stadtviertel der orientalischen Einwanderer im Berliner Westen. Auch viele von ihnen haben sich nach Jahrzehnten in Deutschland immer noch nicht an die kalten, dunklen Winter gewöhnt. Genau wie Eran vermissen sie die mediterrane Sonne und die milden Temperaturen ihrer alten Heimat. Im Winter schwelgen auch sie dann ganz besonders in romantischen Erinnerungen an ihre Kindheit in der Türkei oder dem Libanon, in Marokko und Ägypten.

Und so flaniert Eran bei frostigen Temperaturen manchmal in seinem dicken New Yorker Daunenparka über den türkischen Markt am Maybachufer in Kreuzberg. Das Feilschen und Geschrei der Marktverkäufer, die ihre Stände jeden Dienstag und Freitag entlang des Landwehrkanals aufbauen, erinnert ihn an den Carmel-Markt in Tel Aviv. Das gleiche Gedrängel und Geschubse. Die alten Frauen, die den anderen Marktbesuchern passiv-aggressiv ihre Handwagen in die Hacken fahren, wenn sie nicht weiterkommen im Gewimmel. Die schwer beladenen Familienväter, die kiloweise Hähnchenfleisch einkaufen für ihre Großfamilien daheim. Und die vielen dunkelhaarigen Kinder, die unbeaufsichtigt zwischen den Ständen und Lieferwagen Fangen spielen.

Wenn Eran nach ausgiebigem Vergleich des Angebots endlich seine Tomaten, Zwiebeln und Gurken beim besten und zugleich billigsten Händler einkauft, wird er meist freundlich von den Verkäufern begrüßt. »Abi«, sprechen sie ihn respektvoll auf Türkisch an, das heißt so viel wie »großer Bruder«, denn natürlich denken sie zunächst, er sei einer von ihnen. Erst dann merken sie, dass er kein Türkisch versteht, aber auch nicht richtig gut Deutsch spricht. Irgendwie sieht er levantinisch aus, aber irgendwie auch nicht. Die Kleider sind zu westlich, die Gestik und Mimik nicht orientalisch geprägt.

»Wo kommst du denn eigentlich her?«, fragen die Neugierigeren unter ihnen schließlich, während sie die Ware abwiegen und einpacken.

»Aus Israel«, antwortet Eran, und mittlerweile ist er schon gewappnet, was die möglichen Reaktionen angeht. Die Gesichtszüge entgleisen, die Kinnladen fallen bei den allermeisten erst mal runter. Die Gemäßigten versuchen dann meist, sich in ein Lächeln zu retten, bevor sie leise murmeln, »Bruder, wir sind ja alle Menschen, egal woher wir kommen«, und ihm dann schnell die vollen Tüten in die Hand drücken und sich, offensichtlich überfordert mit der Situation, dem nächsten Kunden zuwenden.

Andere starren ihn an, als würde der Erzfeind schlechthin vor ihnen stehen, der Leibhaftige in Person. Und der palästinensische Falafel-Verkäufer auf dem Markt am gutbürgerlichen Kollwitzplatz, mit dem Eran sich einmal nett unterhalten wollte, nachdem dieser ihn mit einem Gratis-Falafel an seinen Stand gelockt hatte, fing an, Eran wüst und laut zu beschimpfen, nachdem er sich als Israeli geoutet hatte. »Haram, haram« oder »Verboten, verflucht«, brüllte er immer wieder auf Arabisch mit hassverzerrtem Gesicht, während Eran erschrocken von seinem Stand zurückwich. »Israel, Kindermörder« und »Free Palestine«, schrie er dann lauthals über den ganzen Markt hinter ihm her. Ein paar Leute blieben stehen, schauten hin und dann ganz schnell wieder weg, so, als sei nichts gewesen. Wenn Eran, die Kinder und ich im Sommer manchmal gemeinsam samstags zum Markt am Kollwitzplatz gehen, um dort Leckereien für ein Picknick im Park einzukaufen, dann wechseln wir die Straßenseite, bevor wir zum Stand des Falafel-Verkäufers kommen. Denn er erkennt Eran jedes Mal und fängt dann immer wieder mit seinem idiotischen Haram-haram-Geschreie an, und diese Erfahrung wollen wir unseren Kindern gerne ersparen.

Muslimischen Antisemiten begegnet Eran in Berlin immer wieder. Als er nach seinem ersten »Berliner Winter« endlich aus Israel zurückgekommen war und sich aufgerappelt hatte, wieder regelmäßig zum Deutschkurs zu gehen, waren die Hälfte seiner Mitschüler im Integrationskurs Muslime. Die meisten waren blutjunge Frauen aus der Türkei, die, frisch verheiratet mit Berliner Deutschtürken der zweiten oder dritten Generation, nach Deutschland gebracht worden waren. Eran erzählte mir manchmal, mit wie viel Lernbegierde sie am Unterricht teilnahmen und sich freuten, wenn die Lehrerin ihnen Aufmerksamkeit und Achtung zuteilwerden ließ. Doch keine einzige von ihnen schaffte es, den Integrationskurs bis zum Ende mitzumachen. Eine nach der anderen wurde schwanger und blieb dann dem Kurs fern.

Anfangs saß Eran im Deutschkurs neben einem jungen Asylbewerber aus Tunesien, der sich aber von ihm wegsetzte, als er kapiert hatte, dass Eran Israeli war. In einer Pause, als die Lehrerin das Klassenzimmer verlassen hatte, nahm er ein Messer aus seiner Tasche, und ritzte damit auf der Weltkarte an der Wand herum, bis er

Israel herausgeschnitten hatte. Mit einem triumphierenden Blick in Erans Richtung knüllte er dann das kleine Papierstück zusammen und schmiss es in den Abfalleimer. Auch bei der feierlichen Abschlusszeremonie des Kurses im Rathaus blickte der Tunesier immer wieder hasserfüllt zu uns hinüber. Als der Bezirksbürgermeister ihm die obligatorische gelbe Rose und das Zertifikat zum bestandenen Integrationskurs überreichte und ihm dann freundlich lächelnd die Hand schüttelte, guckten Eran und ich uns nur stumm an. Trotz dreihundert Unterrichtseinheiten Deutsch, dreißig Orientierungsstunden zu deutscher Geschichte, Religionsfreiheit und wehrhafter Demokratie, erschien uns die erfolgreiche Integration des Tunesiers doch eher fehlgeschlagen zu sein.

Aber natürlich gibt es auch immer die, die anders sind, die ihre Menschlichkeit über alle Vorurteile stellen.

Wie zum Beispiel Besim, der spitzbäuchige, kurdisch-irakische Barbier im Wedding, zu dem Eran zweimal im Monat geht. Wie viele israelische Männer lässt sich auch Eran seinen Kopf stets kahl rasieren. Ob das ein Überbleibsel aus Armeezeiten ist, oder ob Israelis lieber kurze Prozedur mit ihrem sich lichtenden Haupthaar machen, statt viel Zeit mit kaschierenden Halbglatzen-Frisuren zu vergeuden, weiß ich nicht. Fakt ist jedoch, dass Eran gerne zu Besim geht, der ihm erst liebevoll den Kopf rasiert und massiert und ihm dann nach einer sanften Vollrasur zum Abschluss jede Menge sehr süß duftendes Aftershave auf die Wangen tätschelt. Wenn die anderen Kunden in seinem Friseurladen sich über den Nahostkonflikt in Rage reden, weil im Fernseher in der Ecke mal wieder mordende israelische Soldaten in Dauerschleife gezeigt werden, dann verweist Besim sie scharf, ihren Mund zu halten, und schaltet das Fernsehprogramm behutsam von Al Jazeera auf einen arabischen Popsender um. In dieser kleinen muslimischen Männerwelt ist Besim der Herr, und keiner widerspricht ihm oder wagt es, den Israeli schief von der Seite anzuschauen. Eran steht hier unter seinem persönlichen Schutz. Wenn Besim mit Eran allein im Laden ist, dann reden sie Tacheles und verfluchen den Berliner Winter, aber auch sämtliche Despoten und Diktatoren des Nahen Ostens. Besim holt die Arak-Flasche unter seinem Tresen hervor, trinkt ein Gläschen nach dem anderen auf die kurdisch-israelische Freundschaft und sichert Eran für immer seine Solidarität zu. Besim wünscht sich nichts mehr als ein eigenes Kurdistan, frei von türkischer und arabischer Unterjochung. Er ist bereit, einen hohen Preis zu zahlen für die Freiheit seines Volkes, gelobt er. »Wallah, wallah«, schwört er bei Allah und stößt noch einmal mit Eran auf Kurden und Israelis an. »Der Feind meines Feindes ist mein Freund«, erklärt Besim – nach dieser Logik schweißt der gemeinsame arabische Feind die beiden anderen Völker zusammen.

Wer mit Krieg, Gewalt und Hass aufgewachsen ist, dem fällt es nicht immer leicht, seine (Vor-)Urteile über Bord zu werfen. Selbst Eran, der zwar emotional, aber gleichzeitig reflektiert mit dem israelisch-arabischen Konflikt umgeht, hat Momente, in denen er Vorbehalte gegen Muslime hat. Als während der großen Flüchtlingskrise ein endloser Treck von Menschen aus dem Nahen Osten durch die Türkei floh, das Mittelmeer überquerte und dann durch Europa zog, sich zu Fuß durch Ungarn, Österreich und immer weiter Richtung Deutschland schleppte, saßen wir gebannt vor dem Fernseher. Wir weinten, als wir die Bilder sahen von ertrunkenen Kindern, die an die Strände gespült wurden, wo wir noch zwei Jahre vorher Urlaub gemacht hatten. Was für ein Glück wir haben, dass wir in Frieden und Wohlstand leben, wie privilegiert wir doch sind, dass unsere Kinder in einer Demokratie aufwachsen, jeden Tag in die Schule gehen können und es ihnen an nichts mangelt. Das sagten wir uns jeden Tag.

Wir schauten sprachlos zu, wie die erschöpften Syrer, Iraker und Afghanen am Münchener Hauptbahnhof von Deutschen bejubelt wurden, als sie dort in berstend vollen Zügen aus Budapest ankamen. Wir sahen ungläubig, wie sie mit Geschenken überhäuft wurden, mit Essen und Kleidern und mit grenzenloser Hilfsbereitschaft. Wir staunten darüber, wie allerorten ein deutsches Heer von Freiwilligen aufmarschierte und die Fremden effizient in Notunterkünften unterbrachte, wohlorganisiert in Schulen einwies, offenherzig sogar das eigene Zuhause mit ihnen teilte.

Und trotzdem schlichen sich bei Eran Zweifel ein. Würden diese Menschen unsere Freiheit, unsere Demokratie und unsere Liberalität so sehr respektieren, wie wir sie respektierten? Würden sie seine Tochter als gleichberechtigt neben ihren Söhnen behandeln? Er hatte Angst, dass sie den Antisemitismus und Israel-Hass, der ihnen ein Leben lang in ihrer Heimat indoktriniert worden war, nicht an der Grenze ablegen würden.

Als ich ein halbes Jahr lang eine syrische Familie auf ihrer Odyssee durch die Asyllager in Deutschland begleitete und eine Reportageserie über sie schrieb, hatte Eran mich mit seiner Angst schon angesteckt. Obwohl ich die

Familie mochte und schätzte, verschwieg ich ihnen wochenlang, dass mein Mann Israeli war. Ich hatte Angst vor ihrer Reaktion, wollte nicht, dass mein positives Bild von ihnen einen Knacks kriegen würde. Gleichzeitig fühlte ich mich schuldig, weil ich Eran regelrecht verleugnete. Irgendwann fasste ich mir doch ein Herz und erzählte der ältesten Tochter Zahra von Eran.

Zahra merkte, dass ich unsicher war. Fast ein bisschen verletzt guckte sie mich mit ihren großen, grünbraunen Augen an, die durch ihren weißen Woll-Hidschab noch größer und durchdringender wirkten.

»Kirsten, du kennst uns doch nun schon so gut, glaubst du wirklich, dass wir deinen Mann nicht akzeptieren würden, nur weil er aus Israel kommt?«, fragte sie mich. Zahra war erst zwanzig Jahre alt, aber der Krieg, der frühe Tod ihres Vaters und die Flucht hatten sie so viel reifer werden lassen, als ich es je mit zwanzig Jahren war. »Und wenn du ihn dir ausgesucht hast, dann muss es ja ein toller Mann sein«, fügte sie neckend hinzu und grinste mich an.

Zahra verbrachte ihre gesamte Zeit damit, die Familie zu managen. Sie meldete ihre zwei jüngeren Brüder und die kleine Schwester in der Schule an, organisierte den Deutschkurs für ihre Mutter Rana und sich selbst und verbrachte ewige Stunden beim Jobcenter. Sie entschied auch, dass sie auf keinen Fall im sächsischen Zwickau bleiben wollte, wohin sie zugewiesen wurde. Nachdem sie dort mehrmals wegen ihres Kopftuches beleidigt worden war und ihre Brüder in der Tram als Terroristen beschimpft worden waren, meldete sie die Familie kurzerhand beim örtlichen Ausländeramt ab und brachte alle nach Berlin.

Natürlich fanden sie in Berlin keine Wohnung, und so nahmen Freunde von uns, die ein großes Haus in Köpenick am Stadtrand besaßen, sie zu sich auf. Monatelang wohnten die fünf dort bei Annette und Paul, einer Ärztin und einem Kameramann, und ihren beiden kleinen Kindern. Als sie endlich nach mehr als hundert Wohnungsbesichtigungen eine Wohnung gefunden hatten, lud Annette uns alle zu einem großen Abschiedsessen ein. Rana kochte wunderbare syrische Gerichte und verwöhnte uns alle. Irgendwann, nachdem sie Eran zum dritten Mal ungefragt Hähnchenbeinchen, Reis mit Pinienkernen und Taboulé-Salat auf den Teller gehievt hatte, guckte Eran sie erst erstaunt an und fing dann an zu lachen.

»Rana, du bist wirklich genauso wie meine Mutter, ich fass es nicht. Du kochst genauso gut wie sie, und du verwöhnst uns alle genauso wie sie!«

Ich glaube, er hätte ihr kein größeres Lob machen können. Rana strahlte. So glücklich und unbefangen hatte ich sie seit dem ersten Tag ihrer Ankunft in Deutschland nicht erlebt. Nach dem Essen saßen Rana, Zahra und Eran stundenlang am Tisch, tranken Tee und unterhielten sich über die Gemeinsamkeiten der arabischen und hebräischen Sprache. Jedes Mal, wenn sie wieder ein Wort entdeckt hatten, dass auf Arabisch und auf Hebräisch die gleiche oder eine ähnliche Bedeutung hatte, lachten sie los und freuten sie sich wie kleine Kinder.

Als wir spätabends von Köpenick wieder zurück nach Mitte fuhren, die Kinder schliefen friedlich auf dem Rücksitz, sagte Eran nach langem Schweigen zu mir: »Das war das erste Mal, dass ich gemeinsam mit Arabern an einem Tisch gesessen und gegessen habe.«

10. Mixer in der Mikwe

Nach unserer Rückkehr von New York nach Berlin arbeiteten wir beide als Journalisten. Ich bei der Nachrichtenagentur und Eran als freier Journalist. Leider ließ die Zahlungsmoral der israelischen Zeitungen sehr zu wünschen übrig. Mit Freude schickten sie Eran durch ganz Europa und orderten lange Magazinbeiträge von ihm. Doch wenn es dann ans Bezahlen ging, fingen sie schon bei den Reisekosten an zu feilschen. Die Honorare ließen monatelang auf sich warten oder kamen nie. Irgendwann war Eran so frustriert, dass er genug hatte und seinen Journalistenjob an den Nagel hängte.

Doch was sollte er nun tun? Mit Ende dreißig eine neue Existenz in einem fremden Land aufzubauen, ist nicht die einfachste Sache der Welt, zumal Deutschland auch nicht gerade das einwandererfreundlichste Land ist. Wochenlang dümpelte Eran in den Berliner Cafés vor sich herum. Er schrieb nachts ein bisschen an seinem Buch. Dann wurde ich schwanger mit Miri und er zunehmend nervöser. Als künftiger Familienvater wollte er seinen Teil zum Einkommen beisteuern und ein halb geschriebenes Buch war keine besonders stabile Einnahmequelle. Immer wieder bekam er in dieser Zeit gute Jobangebote aus Israel. Man versuchte, ihn mit lukrativen Redakteursposten und Edelfeder-Festanstellungen nach Tel Aviv zu ködern. Aber ich verweigerte partout alle Umzugspläne.

Nun, da ich schwanger war, wollte ich erst recht nicht in Israel leben. Stattdessen überkam mich der Nestbautrieb in Berlin. Ich ging Kinderwagen, Babybettchen und Autositz shoppen, füllte die Kommoden mit Babyklamotten und Spucktüchern. Ich wünschte mir, dass unser Kind in Frieden und Stabilität aufwachsen und nicht Krieg und Gewalt ausgeliefert sein würde.

Während ich tagsüber bei der Arbeit war, wanderte Eran durch die verschiedenen Berliner Kieze, immer auf der Suche nach Inspirationen für neue Aufgaben oder Jobmöglichkeiten. Auf einer seiner Touren kehrte er bei einem libanesischen Schnellimbiss auf der Sonnenallee in Neukölln ein. Er brachte Hähnchen-Schawarma, in Essig eingelegtes Gemüse und Hummus zum Abendessen mit. Der Hummus schmeckte ihm allerdings überhaupt nicht.

»In Israel ist der Hummus viel besser«, monierte er.

Natürlich, dachte ich mir, er hat mal wieder Heimweh.

Ich konnte nichts vom Hummus essen, weil mir nach jedem Essen übel wurde. Also aß ich nur ein paar sauer eingelegte Gurken und schleppte mich dann dickbäuchig und erschöpft ins Bett. Mitten in der Nacht wachte ich auf. Aus der Küche kamen scheppernde Geräusche, und in der ganzen Wohnung roch es nach seltsam fremden Essensdüften. Müde torkelte ich in die Küche und sah Eran vergnügt in verschiedenen, dampfenden Pötten rühren.

»Ich mach ab jetzt meinen eigenen Hummus«, erklärte er mir, während er mehrere geschälte Knoblauchzehen,

Sesampaste, Zitronensaft, Salz und weich gekochte, heiße Kichererbsen in den Thermomix kippte und mit einem Höllenlärm (um drei Uhr nachts!) pürierte.

»Köstlich! Probier mal«, lobte er seine Kreation selbstzufrieden und hielt mir einen Esslöffel mit warmem Hummus unter die Nase. Noch bevor ich reagieren konnte, piepste der Backofen. Eran zog ein Blech leicht verbrannter Pitabrote aus dem Ofen und tunkte die frisch gebackenen Fladen in seinen Hummus. Er war glücklich. Wenn er schon nicht in Israel sein konnte, so hatte er sich wenigstens ein kleines Stück Heimat nach Berlin geholt.

Als ich am nächsten Tag von der Arbeit kam, roch es noch strenger in der Wohnung als in der Nacht. Eigentlich stank es unerträglich nach Verbranntem. Noch bevor ich in die Küche gehen konnte, um zu sehen, was los war, rannte ich ins Bad, um mich zu übergeben. Seit ich schwanger war, war ich sehr geruchsempfindlich. Danach überwand ich mich und linste in die Küche. Dort stand Eran vor unserem Gasherd, sang alte israelische Schlager und wendete Auberginen direkt über den Flammen, bis ihre Haut schwarz verkohlt war.

Ich guckte ihn entgeistert an. Auberginen waren für mich in der Schwangerschaft ein absolutes No-No, schon ihr Anblick brachte mich zum Würgen. Angewidert sah ich, wie Eran die verbrannten Eierfrüchte pellte und in einer Schüssel mit Olivenöl, Pfeffer, Salz, dünn geschnittenen grünen Chilis und natürlich jeder Menge Knoblauch zerstampfte.

»Hallo, Motek, wie war dein Tag?«, fragte er und gab mir einen feuchten, nach rohen Zwiebeln schmeckenden Kuss. Ich schüttelte mich und war kurz davor, wieder zum Klo zu rennen.

»Ich mache Baba Ghanoush«, erklärte er. »Meine Mutter hat mir heute Morgen das Rezept durchtelefoniert.«

»Musst du dafür unsere Küche abfackeln?«, fragte ich ihn. Er hatte sich kurz von den kokelnden Auberginen abgewandt, und unser Herd schien mir in Flammen aufzugehen.

»Alles gut, ich hab das unter Kontrolle«, sagte er und drehte die Auberginen mit einer Gabel um, bis auch wirklich jede Stelle schwarz verkohlt war.

»Meine Mutter sagt, es sei unerlässlich, die Hazilim scharf anzurösten.« Hazilim ist das hebräische Wort für Auberginen, und Eran lässt gern ein paar hebräische Wörter einfließen, wenn er gut gelaunt ist. »Wegen des guten Aromas.«

Ich ging ins Schlafzimmer und legte mich erschöpft hin. Ab und zu knabberte ich an ein paar Salzstangen und trank einen Schluck Leitungswasser. Mehr vertrug mein Magen nicht.

Eran war untröstlich, dass ich seine orientalischen Wunderspeisen nicht anrühren mochte. Deshalb lud er jeden Abend andere Freunde zum Probieren seiner Leckereien ein. Alle waren begeistert. Sie konnten gar nicht genug kriegen von seinem selbst gemachten Hummus, dem angekohlten Auberginenpüree und seinem kleingehackten, gebratenen Paprika-Zwiebel-Salat mit Essig und Öl.

Bald sprach sich in der jüdischen Community in Berlin herum, dass Eran köstliche israelische Nationalspeisen zubereiten konnte. Der Anruf des Rabbis ließ nicht lange auf sich warten. Er wolle gerne mal den Hummus probieren. Eran wurde am Freitag zum Kochen in die Küche der Rebbetzin, der Frau des Rabbiners, einbestellt. Schließlich sollten die Speisen koscher sein, und unsere Küche mit dem Serrano-Schinken im Kühlschrank und den Schrimps im Gefrierfach war natürlich höchst »treife« bzw. unkoscher.

Stundenlang hackte, backte, kochte und pürierte Eran die verschiedenen Speisen nach den Rezepten, die seine Mutter ihm als Kind beigebracht hatte. Die Rebbetzin unterstützte ihn tatkräftig, bis am späten Nachmittag alle Gerichte fertig waren. Anschließend nahm der Rabbiner Eran mit in die Synagoge zum Gottesdienst und lud ihn dann zum Schabbat-Mahl mit seiner Familie ein. Auch er war begeistert von Erans verschiedenen israelischen Salaten und natürlich besonders vom Hummus. Er hatte als junger Mann an einer Jeschiwa, einer religiösen Schule, in Jerusalem die Thora studiert, und der cremige Hummus brachte nostalgische Jugenderinnerungen zurück.

Der Rabbi fragte Eran, ob er beim Israel-Fest im jüdischen Gemeindezentrum seinen Hummus verkaufen wollte. Klar, Eran wollte. Da war nur wieder das Problem mit der Koscherkeit.

Doch der Rabbi war ein echter Macher. Kaum war der Schabbat vorbei und er durfte wieder telefonieren, rief er ein Gemeindemitglied an, der einen koscheren Cateringservice hatte.

»Hey, Herzl, könnte ein Freund von mir deine koschere Küche benutzen, um Speisen für unser Fest am israelischen Unabhängigkeitstag im April zu kochen?«

Herzl hatte nichts dagegen und zeigte Eran ein paar Tage später seine koschere Küche im Messezentrum im Berliner Westen. Eigentlich sah sie aus wie jede andere

Großküche. Nur die Köche mussten alle jüdisch sein, damit auch das Essen glatt-koscher, also absolut rein zubereitet war. Und natürlich durften auch keine nicht-koscheren Zutaten in die Küche eingeschleppt werden.

Tagelang bereitete Eran Unmengen von Essen für das Fest zu. An einem regnerischen Aprilsonntag war es dann so weit. Gemeinsam bauten wir die verschiedenen Speisen auf einem Tisch im großen Gemeindesaal in der Synagoge an der Oranienburger Straße auf und warteten gespannt auf Kunden. Zunächst kam eine Klezmer-Band und fing an, jiddische Lieder auf der Bühne zu fiedeln. Eran verzog das Gesicht. Ich ahnte nichts Gutes und wappnete mich schon gegen eine Tirade über aschkenasische Musik, aber da kamen die ersten Gemeindemitglieder. Hauptsächlich alte Menschen mit Rollatoren, auf Krücken, mit gebeugten Rücken und krummen Beinen. Es sah aus, als hätten die Veranstalter sämtliche Bewohner des jüdischen Altersheims eingeladen, was vermutlich auch der Fall war. Langsam schlurften sie zu unserem Stand und beäugten misstrauisch Erans Speisen. Manche fragten, was wir denn da für »einen Babybrei« anbieten. Ein ganz mutiger Greis wollte den Hummus probieren, aber keine ganze Portion kaufen. Wir gaben ihm ein kleines Schüsselchen zum Probieren. Kritisch schmatzend zog er die Lippen breit, verzog sein Gesicht und stellte wortlos das fast volle Schälchen mit dem halb abgeleckten Löffel zurück auf unseren Tisch. Dann ging er weiter zum nächsten Stand, wo sich eine Schlange beim Borschtsch und Rugelach-Gebäck gebildet hatte.

Fast alle Gemeindemitglieder waren Russen oder Ukrainer, die nach dem Ende des Kalten Krieges und dem Zusammenbruch der Sowjetunion nach Deutschland eingewandert waren. Als sogenannte Kontingentflüchtlinge sollten sie die dezimierten jüdischen Gemeinden in Deutschland nach dem Holocaust mit neuem Leben erfüllen. Mehr als 200.000 Menschen kamen so in den Jahren nach 1991 nach Deutschland. Doch inzwischen waren sie in die Jahre gekommen. Und experimentierfreudig waren sie in ihrem hohen Alter schon gar nicht mehr. Der geräucherte Lachs, die gefüllten, hart gekochten Eier und der Wodka am Nebenstand sagten ihnen wesentlich mehr zu als der Hummus und das suspekte Baba-Ghanoush-Püree.

Ich glaube, wir haben während des gesamten Israel-Festes weniger als ein Dutzend Portionen Hummus verkauft (vom Auberginenpüree will ich gar nicht erst reden). Nicht an die Gemeindemitglieder, sondern an neugierige deutsche Goyim, die auch zum Fest gekommen waren und den Hummus auf vergangenen Reisen nach Israel kennen und schätzen gelernt hatten.

Niedergeschlagen gingen wir abends wieder nach Hause. Eran verstaute die fast noch vollen Tupperware-Dosen im Kühlschrank.

Doch so schnell gab er sich nicht geschlagen. Nachts stand er stundenlang grübelnd und rauchend auf unserem Balkon. Morgens, als ich zur Arbeit musste, schien er aber nicht besonders müde, sondern ging mit mir gemeinsam aus dem Haus, ohne groß zu erklären, wo er hinwollte.

Als ich abends die Redaktion verließ, wartete er überraschend vor dem Bürogebäude auf mich. Neben ihm stand ein neuer, knalloranger Einkaufsroller, von der Art, wie ihn alte Omas hinter sich herziehen, wenn sie im Supermarkt einkaufen gehen.

»Ich hatte einen guten Tag heute«, verkündete er und nahm mir meine Tasche ab.

Neugierig guckte ich in seinen Einkaufsroller hinein. Der war fast leer, nur unten auf dem Boden standen ein paar kleine, runde Plastikdosen mit Hummus. Und daneben lag eine Plastiktüte mit Pitas.

Eran hatte den vom Fest übriggebliebenen Hummus in die kleinen, durchsichtigen Plastikdosen aufgeteilt und war damit durch die Bioläden von Berlin gezogen. Den ganzen Tag hatte er Ladenbesitzern Hummus-Proben auf Pitabrot angeboten und ihnen von den organischen Zutaten und Gesundheitsvorzügen des Kichererbsenbreis vorgeschwärmt. Tatsächlich hatte er ein paar Einzelhändler überzeugt, seinen Hummus in ihren Geschäften zu verkaufen. Ein israelischer Freund, der vor Kurzem einen jüdischen Delikatessenladen in Mitte eröffnet hatte, wollte ein paar Kilo pro Woche beim ihm bestellen, und der Rabbiner hat dem Besitzer des koscheren Lebensmittelladens gesagt, er müsse unbedingt Erans Hummus mit ins Angebot nehmen.

Eran war »back in business«.

»Ich habe auch schon einen Namen für den Cateringservice«, verriet mir Eran stolz. »Zahav soll er heißen. Gold, auf Deutsch.«

Nomen est omen, dachte ich mir, warum nicht.

Von da an kochte bei uns zu Hause täglich ein Suppentopf mit Kichererbsen auf dem Herd vor sich hin. Auf der Arbeitsfläche daneben standen diverse Schüsseln, in denen die Kichererbsen einweichten, bevor sie gekocht wurden. Der Thermomix war im Dauerbetrieb und Eran im Entrepreneur-Modus.

Er bestellte Visitenkarten für sein neues Business

und Aufkleber mit dem Zahav-Logo, das aussah wie ein runder, geöffneter Kreis. Oder, so erklärte Eran, wie die Spur, die ein Stück Pita hinterlässt, wenn man es mit der Hand durch eine Schüssel frischen Hummus zieht.

Abends saßen wir stundenlang am Küchentisch und klebten die Zahav-Aufkleber auf die Deckel der Plastikdosen, Hunderte davon. Ich kam mir vor wie ein illegaler Einwanderer in China Town, der sein Geld mühsam in einem der ausbeuterischen Sweatshops dort verdiente. Aber es machte auch Spaß, Eran bei seinem neuen Projekt zu helfen.

Manchmal begleitete ich Eran auch in die Großküche auf dem Messegelände. Meistens waren wir da alleine in den weiß gekachelten Räumen mit den riesigen Stahltöpfen und überdimensionierten Schöpflöffeln. Nur der Maschgiach kam manchmal vorbei. Er war der Wächter über die jüdischen Speisegesetze und passte auf, dass auch wirklich alles koscher war. Nur so bekam Eran das begehrte Koscher-Zertifikat vom Rabbiner und durfte seine israelischen Vorspeisensalate und den Hummus mit dem Koscher-Stempel verkaufen.

Ein paar Wochen vor Miris Geburtstermin, ich war schon im Mutterschutz und musste nicht mehr arbeiten, saß ich auf einer der riesigen silbernen Arbeitsflächen in der Großküche und sah zu, wie Eran die gekochten Kichererbsen in den Thermomix kippte. Den Thermomix hatten wir extra von zu Hause mitgebracht, denn Eran fand, dass kein anderer Mixer dem Hummus so eine cremige Konsistenz verleihen konnte wie der Thermomix.

Ich saß nicht gerne untätig herum, also stand ich auf und stellte den Mixer auf die höchste Stufe, damit alles gut vermischt wurde, während Eran die Chilis für den

Auberginensalat schnitt. Just in dem Augenblick trat der Maschgiach unangekündigt in die Küche. Wegen des Mixerlärms hatte ich ihn nicht hineinkommen gehört und kippte fröhlich noch etwas Salz in die Kichererbsen und Tahini-Mischung, denn Eran kochte nach meinem Geschmack immer zu salzarm.

»Schalom«, begrüßte uns der Maschgiach und schaute mich hinter seinem Rauschebart skeptisch an.

Ich versuchte ein möglichst unschuldiges Gesicht zu machen, legte schnell den Deckel des Mixers zur Seite und antwortete ihm mit meinem besten Hebräisch: »Ma kore? – Wie geht es Ihnen?«

Ich wusste natürlich, dass ich den Mixer nicht hätte anfassen dürfen, schließlich war ich nicht jüdisch. Aber vielleicht konnte ich die Jüdischkeit ja vortäuschen beim Maschgiach. In Israel dachten schließlich auch immer alle wegen meiner Locken, dass ich Israelin sei.

»Baruch HaSchem«, murmelte ich, während ich den Maschgiach charmant anstrahlte. Das heißt »Gott sei Dank« und klang in meinen Ohren sehr überzeugend, auch wenn es gerade keinen offensichtlichen Anlass dafür gab, dem Herrn zu danken.

»Wo habt ihr denn das Mixgerät her?«, fragte der Maschgiach und ignorierte meine frommen Sprüche.

»Oh, das ist ein Hochzeitsgeschenk von meinen Eltern«, erklärte ich bereitwillig. Eran, der hinter dem Maschgiach stand, verdrehte die Augen und deutete mir mit hektischen Handzeichen an, den Mund zu halten. Aber es war zu spät.

»Was?!«, fragte der Maschgiach entsetzt und raufte sich die Haare so sehr, dass seine Kippa auf den Boden fiel. Schnell setzte er sie wieder auf und drehte sich zu Eran.

»Weißt du denn nicht, dass der Mixer nicht koscher ist, wenn du ihn einfach von zu Hause mitbringst? Außerdem darf deine Frau weder den Mixer noch die Zutaten anfassen«, fügte er schmallippig hinzu und schaute mich missbilligend an. »Und wenn der Mixer ein Geschenk von ihren goyischen Eltern ist, ist er sowieso nicht koscher.«

Ich guckte ihn wütend an, mein freundliches Lächeln hatte offensichtlich keinerlei Wirkung gezeigt. Hätte ich mir ja denken können, dass sich in der jüdischen Community längst herumgesprochen hatte, dass ich nicht jüdisch war. Beleidigt drehte ich ihm meinen Rücken zu. Dieses ewige Theater mit der Jüdischkeit ging mir auf die Nerven, besonders jetzt, da ich schwanger war und noch emotionaler als sonst reagierte.

Ich wollte den Maschgiach schon fragen, ob auch Eran »treife« werden würde, wenn er erst mich und dann den Hummus anfasste, aber dann schwieg ich doch lieber.

Es reichte, dass ich eine ganze Ladung Hummus entheiligt hatte.

»Eran, das kannst du alles wegschmeißen oder an die Goyim verschenken«, sagte der Maschgiach mit einem Seitenblick auf mich. »Dafür kriegst du garantiert keinen Koscher-Stempel.«

Eran guckte ihn fassungslos an. Der Cateringservice war erfolgreich und seine Abnehmer bestellten ständig größere Mengen. Besonders die gesundheitsbewussten Deutschen in Mitte und Prenzlauer Berg konnten gar nicht genug kriegen von seinem Hummus. Heute allerdings musste er Dutzende von Portionen seines Zahav-Hummus an den koscheren Laden liefern, und dafür konnte er nicht auf den Stempel verzichten. Er musste schleunigst neuen Hummus machen, aber eben koscheren Hummus.

Da gab es nur eine Lösung. Der Mixer musste in die Mikwe. Und zwar schnell. Die Mikwe ist ein jüdisches Tauchbad, in dem Unreines rituell gereinigt wird. So gehen zum Beispiel verheiratete, gläubige Jüdinnen nach dem Ende ihrer Periode in die Mikwe, um sich zu reinigen. Erst danach dürfen sie wieder Geschlechtsverkehr mit ihren Ehemännern haben. Aber auch ganz profanes Geschirr kann dort gereinigt werden, wenn zum Beispiel Teller, die nur für milchiges Essen verwendet werden dürfen, aus Versehen mit fleischigen Produkten in Kontakt gekommen sind. In der Mikwe werden sie durch ein symbolisches Eintauchen ins Wasser wieder koscher.

Der Maschgiach sah Erans Verzweiflung und hatte Mitleid mit ihm. Er zückte sein Handy und rief in der Synagoge an. Doch die Mikwe war bereits für den gesamten Tag ausgebucht.

»Da bleibt uns nur eins übrig, wir müssen uns ein natürliches Gewässer suchen«, erklärte der Maschgiach, schnappte sich den Mixer und lief aus der Küche. Wir rannten hinterher und stiegen zu ihm ins Auto, ohne wirklich zu verstehen, was er vorhatte.

Fünfzehn Minuten lang fuhren wir über die Autobahn raus aus der Stadt, dann bogen wir ab auf eine Landstraße, die zu einem der vielen Brandenburger Seen führte.

»Das ist zwar nicht optimal«, erklärte der Maschgiach und parkte. »Aber etwas Besseres gibt es jetzt nicht.«

Er hielt das Rührgefäß des Mixers mit ausgestreckten Armen von sich und ging zielstrebig über einen Schotterparkplatz an einem kleinen Handwerkerbetrieb vorbei zum schilfumrahmten Ufer des Sees. Eran lief neben ihm, und ich watschelte hochschwanger als Letzte hinterher.

Der Maschgiach kniete sich auf den Boden und tauchte den Mixer mehrmals in das trübe Seewasser. Dabei murmelte er etwas, vermutlich die passenden Gebete. Genau konnte ich das nicht verstehen, ich wollte auch nicht zu nah an ihn heran, um dann womöglich den Mixer wieder zu entkoschern.

Als er fertig war, überreichte er das Metallgefäß feierlich an Eran. Als wir uns umdrehten, um zurück zum Auto zu gehen, blieben wir wie angewurzelt stehen. Zehn Meter von uns entfernt standen sieben Handwerker in ihren Blaumännern und starrten uns unverwandt an. Drei von ihnen hatten Handys in der Hand und filmten uns. Die anderen sperrten ihre Mäuler auf und gafften.

Ich fühlte mich wie im Zoo. Dann erst wurde mir bewusst, was für ein bizarres Bild wir für Normalsterbliche abgeben mussten. Der Maschgiach mit seiner Kippa, den Schläfenlocken und dem Tallit, oder Gebetsmantel, dessen weiße Zizit, also die Schaufäden, unter seinem Hemd heraushingen. Daneben Eran mit dem tropfnassen Thermomix in der Hand, wie üblich mit kahlrasiertem Kopf, olivgrünen Shorts und Flipflops, obwohl es noch unangenehm kühl war. An Erans Seite dann ich, mit meinem buntgeblümten Umstandskleid über dem riesigen Bauch, stets darauf bedacht, Eran und dem frisch gekoscherten Thermomix bloß nicht zu nahe zu kommen.

Wir starrten die Männer stumm zurück an, woraufhin diese zur Seite wichen, als seien wir Aliens. Als wir schließlich mit dem Auto vom Parkplatz hinunterfuhren, drehte ich mich noch einmal um. Die ganze Mannschaft stand weiterhin unbeweglich vor dem Betrieb und guckte hinter uns her.

Wahrscheinlich reden sie dort noch heute von uns.

11. Zahav

Erans Cateringservice florierte. Das merkte auch der Besitzer der koscheren Großküche. Er hatte sich mit Eran ein Kuckucksküken ins eigene Nest gesetzt. Denn oft fragten Kunden aus der jüdischen Gemeinde nun Erans und nicht mehr seine Dienste für ihre Bar Mitzwas und Hochzeitsfeste an, und das gefiel Herzl gar nicht. Nach einem Jahr teilte er Eran mit, dass er seine Küche nicht mehr benutzen könne. Richtig schlimm fand Eran das nicht, er spielte schon seit Monaten mit dem Gedanken, ein Restaurant zu eröffnen. Es gab nur sehr wenige israelische Restaurants in Berlin, und Eran wollte unbedingt eine Hummusiya eröffnen, also ein kleines Bistro, das in erster Linie viele verschiedene Varianten von Hummus anbietet.

Wenn er nicht unterwegs war, um seine israelischen Spezialitäten auszuliefern, studierte er die Zeitungen auf der Suche nach zu vermietenden Ladenlokalen oder lief durch die Straßen und hielt Ausschau nach leer stehenden Restaurants und Cafés. Doch stets gab es einen Haken. Entweder war die Miete zu hoch oder die Nachbarschaft nicht schön, der Laden zu dunkel oder der Übernahmepreis für die Restaurantausstattung des Vorgängers unerschwinglich.

Dann sahen wir, dass die kleine schwedische Boutique direkt gegenüber von unserer Wohnung Ausverkaufsschilder an ihre Schaufenster gehängt hatte. Eran ging hinüber und fragte, was los sei. Die beiden jungen Designer hatten keine Lust mehr auf Berlin, hier sei es nicht mehr hip genug, sie wollten lieber nach Budapest ziehen und dort ihre Mode verkaufen. Eran kontaktierte den Hausbesitzer. Der hatte eigentlich schon einen neuen Mietvertrag an eine asiatische Bubble-Tea-Firma geschickt, die dort ihre fünfte Berliner Filiale aufmachen wollte. Aber er war Jude, kannte Eran und liebte seinen Hummus. Kurzerhand zog er sein Angebot an die Bubble-Tea-Leute zurück und gab Eran der Zuschlag. Schließlich müsse man das Wiederaufblühen jüdischen Lebens in Berlin unterstützen, sagte er. Außerdem freute er sich, bald regelmäßig in Erans Bistro Hummus zum Mittagessen genießen zu können.

Ein anderer jüdischer Freund empfahl Eran einen Handwerker, der den Umbau des Ladens in ein Restaurant übernehmen sollte. Yassin war ein israelischer Araber aus Nazareth. Er sprach fließend Arabisch, Hebräisch und Deutsch. Dass er so gut Deutsch sprach, verdankte er seiner Frau, die Berlinerin war. Allerdings war er nicht glücklich in seiner Ehe mit der forschen Deutschen, und in den Mittagspausen erzählte er Eran von verschiedenen jungen arabischen Frauen, die er in den Cafés in Kreuzberg kennengelernt hatte und gerne heiraten würde. Aber seine deutsche Frau hielt nichts von einer Zweitfrau, und Yassin hatte Angst, sich von ihr scheiden zu lassen, weil er dann seinen Aufenthaltsstatus verlieren würde.

Abgesehen von dem ewigen Genöle über seine Eheprobleme, die Eran natürlich auch nicht lösen konnte, verstanden die beiden sich prächtig. Yassin schreinerte weiße Holztische und Sitzschemel zu einem guten Preis. Dass die Möbelstücke alle ein paar Millimeter unterschiedlich hoch und manchmal sehr wackelig waren, störte weder Eran noch Yassin. Schließlich waren beide in einem Land aufgewachsen, in dem man ständig improvisiert. Alles klappte wie am Schnürchen, bis eine Sachbearbeiterin vom Bauamt vorbeikam. Die korpulente Endfünfzigerin tauchte eines Morgens unangekündigt mit ihrer schwarzen Aktentasche im Laden auf und fing an, Vorschriften zu machen.

»Sie brauchen einen Notausgang in den Hinterhof, dafür müssen Sie das Fenster herausreißen und eine Tür einbauen. Dann brauchen Sie außen noch eine Treppe, die von Ihrem Restaurant in den Hof führt«, wies sie Eran an. »Außerdem reicht eine Unisex-Toilette nicht aus. Sie brauchen eine Herren- und eine Damen-Toilette«, schnauzte sie barsch weiter. »In drei Wochen bin ich wieder hier und gucke mir die Änderungen an. Wenn Sie meinen Anweisungen nicht Folge leisten, kriegen Sie keine Genehmigung von mir.«

Tatsächlich war der Laden viel zu klein, um zwei Toiletten einzubauen. Das war offensichtlich. Und ein Wandaufbruch zum Hinterhof würde ein kleines Vermögen kosten, rechnete Yassin vor.

Eran wusste nicht, was er tun sollte. Drei Wochen verstrichen, und die Arbeit lag brach im Restaurant. Dann kam sie wieder. »Madame Gillette« hatten wir die garstige Tante unter uns getauft, denn sie hatte einen Damenbart, der so struppig war, dass er wirklich eine Rasur verdient hätte.

Sie zog einen Zollstock aus ihrer Aktentasche und fing an, wahllos Distanzen im Lokal abzumessen.

»Der Abstand von ihrer Theke zur Wand ist 7,5 Millimeter zu gering. Das müssen sie ändern, es handelt sich hierbei um einen Fluchtweg. So kriegen sie niemals eine Genehmigung von mir«, kläffte sie und verschwand. Den Durchbruch zum Hinterhof und die Toiletten erwähnte sie nicht mehr.

Yassin machte sich kopfschüttelnd an die Arbeit und feilte an der Holztheke herum, bis die 7,5 Millimeter sich als Sägespäne auf dem Boden wiederfanden.

Ich rief Madame Gilette im Bauamt an und berichtete, dass der Fluchtweg nun breit genug sei. So langsam wurde Eran ungeduldig. Es war bereits Mai, und alles war eigentlich fertig. Er wollte das Sommergeschäft nicht verpassen, aber für die Eröffnung brauchte er die Genehmigung vom Bauamt.

Madame Gilette kam und ignorierte die Theke. Stattdessen zählte sie die fünf Treppenstufen, die hoch ins Restaurant führten, und drehte sich dann zu uns um.

»Sie müssen hier eine Rollstuhlrampe einbauen«, sagte sie.

Die Treppe und der Eingang waren viel zu eng, um eine Rampe oder einen Rollstuhlaufzug einzubauen. Das wusste sie auch. Ich bekam einen Wutanfall und fing laut an zu fluchen über deutsches Korinthenkackertum und kleinkarierte Bürokratenwillkür. Sie guckte mich giftig an und verschwand grußlos.

Von da an verbannte mich Eran von allen weiteren Treffen mit Madame Gillette. Nachdem er mich auch zur Persona non grata erklärt hatte, was alle anderen Interaktionen mit dem Bauamt anging, fragte Eran einen guten Freund, der gerade eine Rechtsanwaltskanzlei in Berlin eröffnet hatte, ob er ihn zum Amt begleiten könne. Benjamin, der während seines Studiums mehrere Monate in einer Kanzlei in Tel Aviv gearbeitet hatte und sogar ein bisschen Hebräisch sprach, ging mit Eran zu Madame Gilette. Und siehe da, sie fing an zu flöten, als sie den großen, blonden, deutschen Mann an Erans Seite sah. Ja, so weit sei alles in Ordnung, hauchte sie Benjamin an, sie müsse nur noch die Genehmigung fertig schreiben und ausdrucken, und dann könne das Bistro eröffnet werden. Notausgänge, Rollstuhlrampen und Toiletten waren auf einmal kein Thema mehr.

Erleichtert kam Eran nach Hause und überbrachte mir die guten Nachrichten. Eine Woche später ging er allein ins Bauamt, um die Genehmigung abzuholen.

Madame Gillette schaute ihn schnippisch an und hielt ihm die ausgefüllte Genehmigung vor die Nase.

»Alles ist fertig«, sagte sie zynisch lächelnd. »Aber ich fahre jetzt erst mal drei Wochen in Urlaub, und leider schaffe ich es nicht, die Genehmigung vorher noch zu unterschreiben.«

Den Rest der Geschichte kenne ich nur aus Erans Schilderungen, da ich ja nicht mehr zu den Bauamtstreffen zugelassen war. Anscheinend brüllte er so laut, dass sämtliche Kollegen und der Chef des Bauamtes höchstpersönlich aus den Nebenzimmern angerannt kamen. Als Eran schreiend drohte, dass er am nächsten Tag die gesamte Hauptstadtpresse über die antisemitischen Schikanen der vergangenen Monate informieren würde, riss der Bauamtsleiter seiner Sachbearbeiterin die Papiere aus der Hand und unterschrieb die Genehmigung eigenhändig und auf der Stelle.

Eine Woche später wurde das Café Zahav eröffnet.

Durch die Querelen mit dem Bauamt hatte sich die

Eröffnung bis in den Herbst verzögert. In den ersten Wochen nach dem Grand Opening kamen viele Freunde und neugierige Nachbarn vorbei und lobten den leckeren Hummus und die gemütlichen Räumlichkeiten. Doch dann wurde es schnell kalt und dunkel. Der Berliner Winter kam, und der Laden blieb leer.

Jeden Abend stand Eran in der Kälte auf unserem Balkon, rauchte eine Zigarette nach der anderen und guckte hinüber in sein Restaurant. Sein Kellner und der Koch saßen auf den Treppenstufen vor dem Zahav, denn es kam keine Kundschaft. Gelangweilt schauten sie zu, wie die Kastanien von den Straßenbäumen auf die Terrasse vom Zahav fielen.

Es brach mir das Herz, Eran so enttäuscht und traurig auf dem Balkon stehen zu sehen. Ich hatte so sehr gehofft, dass er mit seinem eigenen Restaurant endlich auch innerlich in Deutschland ankommen und hier Wurzeln schlagen würde. Und nun dieser Reinfall, keiner wollte seinen Hummus essen. Nach zwei Monaten feuerte er bis auf einen Kellner sein gesamtes Team, weil er ein Verlustgeschäft machte wegen der hohen Personalkosten. Von nun an arbeitete er selber von morgens früh bis abends spät im Restaurant. Täglich musste er Unmassen an Essen wegwerfen, weil er kaum etwas verkaufte.

Jetzt stand ich auf dem Balkon und schaute zu, wie er drüben im Restaurant Schach spielte mit seinem Kellner, weil keine Kunden kamen.

Ständig fragten Freunde und Familie, wie das Restaurant denn so laufe. Während niemand je auf die Idee kommen würde, einen selbstständigen Arzt oder freiberuflichen Designer zu fragen, »wie denn das Geschäft so läuft«, schienen alle es völlig in Ordnung zu finden, sich genaustens nach dem Umsatz des Restaurants zu erkundigen. Es nervte gewaltig.

Zudem war ich zum zweiten Mal schwanger und ohnehin erschöpft und empfindlicher als sonst. Als Ari im Februar geboren wurde, kam meine Mutter für ein paar Tage zu Besuch und half mir mit beiden Kindern, aber dann war ich wieder allein.

Wenn ich Eran abends doch mal für eine Stunde sah und ihm von Aris Fortschritten erzählte, antwortete er mit Geschichten übers Zahav. Wir erzählten beide Baby-Geschichten, nur handelte es sich dabei um zwei verschiedene Babys: Ari und Zahav eben. Wir redeten völlig aneinander vorbei.

Eran hatte nur noch sein Restaurant im Kopf und bekam von zu Hause nichts mit. Miri, Ari und ich machten alles nur noch zu dritt, weil Eran ja immer nur im Restaurant war. Ich fühlte mich wie eine alleinerziehende Mutter, verlassen und überanstrengt. Wenn ich morgens aufwachte und daran dachte, was ich alles tagsüber würde erledigen müssen, wünschte ich mir nur, dass der Tag schon wieder vorüber sei und ich nachts mal mehr als zwei Stunden am Stück würde schlafen können.

Als Ari zehn Wochen alt war, bekam ich vom Stillen eine Brustentzündung. Innerhalb kürzester Zeit hatte ich über vierzig Grad Fieber. Die Hebamme kam vorbei, untersuchte mich und rief Eran an.

»Entweder du bringst deine Frau direkt ins Krankenhaus, oder ich rufe einen Krankenwagen«, teilte sie ihm mit.

Als Eran endlich kam, um mich ins Krankenhaus zu bringen, war dort die Ambulanz schon geschlossen. Kurzerhand ging ich mit Eran und Ari in den Kreißsaal. Miri hatten wir vorher noch zu Freunden gebracht. Ich fantasierte vor Fieber und hatte höllische Brustschmerzen. Ich war einfach völlig am Ende.

Ein mitfühlender Facharzt erbarmte sich meiner, untersuchte mich und nahm mich sofort stationär auf. Ari blieb bei mir und bekam ein kleines Babybettchen neben mein großes Bett gestellt. Ich wurde an einen Penizillintropf gehängt und hatte zum ersten Mal seit Ewigkeiten das Gefühl, dass ich nicht mehr für alles verantwortlich war. Zur Abwechslung kümmerte sich jetzt mal jemand um mich. Wenn Ari brüllte, kam eine Krankenschwester, nahm ihn auf den Arm und beruhigte ihn. Ich musste nicht kochen und putzen, alle waren freundlich und erkundigten sich nach meinem Wohlbefinden. Keiner redete vom Zahav! Nach ein paar Tagen ging es mir besser, die Entzündung und das Fieber waren verschwunden. Aber ich wollte nicht wieder zurück nach Hause ins Chaos und zu Erans Verzweiflung über sein nicht funktionierendes Restaurant. Jeden Tag, wenn ich untersucht wurde, übertrieb ich meine Schmerzen und klagte darüber, wie schwach ich sei.

Nach einer Woche kam der nette Stationsarzt und redete Tacheles mit mir.

»Frau Grieshaber, ich freue mich sehr, dass es Ihnen bei uns auf der Station so gut gefällt«, fing er an. »Aber ich habe gestern vom Chefarzt einen riesigen Anschiss bekommen, weil ich Sie immer noch nicht entlassen habe. Sie sind zwar noch nicht ganz fit, aber gesund genug, um wieder nach Hause zu gehen«, erklärte er. »Ich muss Sie heute leider rausschmeißen. Wir brauchen Ihr Bett für Patientinnen, die kränker sind als Sie.«

Widerwillig packte ich meine Sachen zusammen,

setzte Ari in seinen Maxi-Cosi-Kindersitz und fuhr mit einem Taxi nach Hause. Zum Glück kam meine Mutter noch einmal für eine Woche vorbei, um mir mit dem Haushalt und den Kindern zu helfen, während ich langsam wieder zu Kräften kam.

Dann endlich war der Winter vorbei, und es wurde wieder schön in Berlin. Die Kastanienbäume vor dem Zahav blühten, die Berliner wagten sich wieder aus ihren Häusern, die Touristen kamen, und einige Zeitungen und Radiosender veröffentlichten positive Kritiken über Erans Restaurant.

Die Gourmets lobten die cremige Konsistenz des Hummus und das nussige Aroma. Sie waren fasziniert vom Labane, dem selbst gemachtem Joghurt, der mit Olivenöl und Zatar, einer arabischen Kräutermischung, serviert wurde.

Sie liebten den frischen Granatapfelsaft (Eran hatte dafür extra eine altmodische Saftpresse aus Jerusalem importiert) und erfreuten sich an Miri's Delight, einem Nachtisch mit Vanilleeis, Halva, Dattelhonig und Pistazien.

Auch die Schakschuka mit Spiegeleiern, Paprika und Tomatensoße wurde lobend erwähnt. Und das Baba-Ghanoush-Auberginenpüree mit dem rauchigen Aroma wurde als exotische Entdeckung gefeiert.

Plötzlich war der Laden voll.

Eran fing wieder an zu singen, wenn er morgens seine Kichererbsen kochte, die Gurken und Tomaten für den israelischen Salat klein schnitt und das Gehackte mit der Baharat-Gewürzmischung aus Jerusalem zu Kebabfleisch vermengte.

Miri lernte Fahrrad fahren und machte ihr Seepferdchen, Ari fing an zu krabbeln, und ich konnte endlich wieder arbeiten gehen. Einen Tag mit sich überschlagenden Nachrichten in der Redaktion fand ich wesentlich entspannter als die trostlosen Wintertage zu Hause während meiner Elternzeit.

Auf einmal war ein solcher Betrieb im Zahav, dass Eran schleunigst Kellner und Köche rekrutieren musste, bevorzugt andere Israelis. Erstaunlicherweise hatte sich Berlin in der Zwischenzeit zu einem Mekka für junge Israelis entwickelt. Viele von ihnen hielten den Stress und die politische Anspannung in Israel nicht länger aus und sehnten sich nach Frieden, genau wie Eran. Außerdem waren die Lebenshaltungskosten in den israelischen Großstädten wahnsinnig hoch, während man in Berlin noch immer recht preiswerte Mietwohnungen finden und mit relativ wenig Geld ein gutes Leben führen konnte.

Viele der jungen Israelis hatten deutsche oder andere EU-Pässe, da ihren Großeltern während des Dritten Reiches die Pässe entzogen worden waren und sie als Enkel die europäischen Staatsbürgerschaften nun als Teil der Wiedergutmachung beantragen konnten. Niemand weiß genau, wie viele Israelis in Berlin leben, da die meisten auf ihren europäischen Pässen nach Deutschland einreisen und nicht als Israelis registriert werden. Aber es wird geschätzt, dass bis zu 30.000 Israelis in den vergangenen Jahren hierher gezogen sind. Sie kommen zum Studieren, arbeiten als Künstler und Musiker oder leben einfach nur ihr Leben, feiern, kiffen und sind Dauergäste im Berghain – Berlins angesagtestem Club.

Für Eran war es daher leicht, israelisches Personal zu finden. Und seine Gäste freuten sich, echte israelische Kellner vor sich zu haben.

Mit den Kunden im Zahav ist das so eine besondere Sache. Es ist eine ganz andere Klientel als beim indischen Restaurant nebenan oder beim Italiener gegenüber.

Da gibt es die vielen Expats, besonders Amis und Engländer, die Hummus schon aus ihrer Heimat kennen und oft vorbeikommen. Schwule, Hipster und Veganer haben ebenso ein Faible für die verschiedenen Kichererbsengerichte wie die Übermütter aus dem Prenzlauer Berg, denn so langsam hatte sich herumgesprochen, wie überaus gesund der Brei ist.

Natürlich kommen auch viele Israelis, die Heimweh und Hunger auf Hummus haben. Und Juden aus aller Welt, die sich im Zahav ein bisschen wie bei ihrem letzten Israelbesuch fühlen. Nur religiöse Juden meiden das Zahav wie der Teufel das Weihwasser, denn Eran hatte beschlossen, sein Restaurant auch am Schabbat zu öffnen, und daher bekam er nun vom Rabbiner kein Koscher-Zertifikat mehr.

Unter den Deutschen gibt es ganz unterschiedliche Gäste. Da sind die Älteren, die schüchtern und zaudernd ins Zahav kommen und noch nie einen echten, lebendigen Juden gesehen haben. Juden kennen sie nur als ermordete Opfer aus dem Holocaust. Wenn sie nach einem netten Gespräch mit Eran und freundlicher Bedienung durch die israelischen Kellner abends das Restaurant wieder verlassen, dann wirkt es fast so, als hätte man ihnen eine Absolution erteilt. Sie laufen beschwingt die Treppen hinunter, scheinbar mehrere Kilo leichter trotz des Völlegefühls vom Hummus, weil ihnen Eran durch seine unbeschwerte, lockere Art ein bisschen von der Last ihrer Schuldgefühle genommen hat.

Es gibt aber auch noch eine andere Sorte von deutschen Restaurantbesuchern. Deren Umgang mit der Vergangenheit drückt sich so aus, dass sie nichts lieber tun, als sich während des Essens über die Gräueltaten der Israelis an den Palästinensern aufzuregen. Als ob sie dadurch ihre Kollektivschuld als deutsche Nazi-Nachkommen schmälern könnten. Sie behandeln Eran, als sei er ein offizieller Repräsentant des Staates Israel, und erwarten von ihm Antworten für jede Militäraktion im Gazastreifen.

Eine Kundin kam erst vor ein paar Wochen mit einem Palästinensertuch um den Hals gewickelt ins Zahav und fragte Eran provozierend, ob er denn die Kufija, also das Tuch, in seinem Restaurant erlauben würde.

»Warum denn nicht?«, gab er freundlich zurück, sehr zur Enttäuschung der Mittvierzigerin. Sie bestellte einen Teller Hummus mit israelischem Salat, den sie explizit immer wieder als arabischen Salat bezeichnete, und erklärte Eran beim Bezahlen, dass der Hummus gut geschmeckt hätte, aber längst nicht so gut wie der in Kalkilia, einem palästinensischen Ort in der Westbank.

Als Eran fünf Minuten, nachdem sie das Restaurant verlassen hatte, nach draußen ging, sah er, dass seine Holztische und die Wand unter dem Fenster mit BDS-Stickern vollgeklebt waren. BDS steht für Boycott, Divestment and Sanctions und ist der Slogan einer internationalen Anti-Israelkampagne, die sich gegen israelische Produkte und Firmen richtet, um die Wirtschaftskraft des Staates Israel zu schwächen und so die Besatzung der »palästinensischen Gebiete« zu beenden. Der antisemitische Fanatismus vieler BDS-Aktivisten geht so weit, dass sie sogar das Existenzrecht Israels leugnen. Zum Glück lassen sich die meisten Israel-Hasser nicht allzu oft im Zahav blicken.

Dafür hat Eran mittlerweile richtig viele Stammkunden, die mindestens dreimal die Woche zum Mittagessen kommen, weil sie so süchtig nach dem Hummus sind, dass sie regelmäßig »ihren Schuss brauchen«, wie er es ausdrückt.

Kein Wunder, dass sie abhängig sind, denn Eran ist bei der Zubereitung seiner Gerichte kompromisslos. Er verwendet nur die allerbesten Zutaten. Er schwört auf kleine, helle Kichererbsen aus der Türkei und Tahini, also Sesampaste, aus Nablus in der Westbank. Dattelhonig und Halva für das Dessert lassen wir uns stets vom Familienbesuch aus Israel mitbringen oder schmuggeln es selber kofferweise durch den Zoll am Flughafen, wenn wir in Israel zu Besuch waren.

Sein Fleisch kauft Eran beim türkischen Supermarkt im Wedding, den israelischen Wein bei einem koscheren Zulieferer in Charlottenburg, der von russischen Juden betrieben wird, und das Gemüse kauft er frühmorgens auf dem Großmarkt in der Beusselstraße in Moabit.

Zu seinen größten Freuden gehört es, wenn Ari die Kita schwänzt und stattdessen mit ihm morgens zum Shopping mitkommt. Vater und Sohn fahren dann schon im Morgengrauen los mit unserem silbernen Lieferwagen, den Freunde »Zahavi-Mobil« getauft haben. Denn auch wenn wir am Wochenende Ausflüge unternehmen oder mit dem Auto zu meinen Eltern ins Rheinland fahren, finden sich stets Spuren vom Zahav im Wagen. Mal kullern einem vierzig Auberginen entgegen, wenn man den Kofferraum öffnet, dann wieder müssen die Kinder tagelang mit angezogenen Beinen auf den Rücksitzen hocken, weil keiner die großen Bottiche mit der Tahini weggeräumt hat.

Wenn Eran und Ari in die Großmarkthallen hineinspazieren, werden sie freudig von den Arbeitern begrüßt. Der dunkelhäutige Israeli und sein blond gelockter, hellhäutiger Sohn sind hier bekannt wie zwei bunte Hunde. Das meiste Gemüse kauft Eran bei einem griechischen Großhändler, und es gibt kaum einen Arbeiter, der Ari im Vorbeigehen nicht ein paar Leckereien zusteckt. Meistens kommt er von den Großmarkttouren mit einer großen Ausbeute an Weintrauben, Bananen, Äpfeln und jeder Menge Bonbons zurück. Bevor die beiden nach ihren Einkäufen ins Restaurant fahren, kehren sie noch bei der türkischen Imbissstube in Markthalle D ein, das gehört zu ihrer Routine. Eran bestellt einen Mokka für sich selbst und Simit, also Sesamkringel, mit türkischer Sucuk-Wurst und geschmolzenem Käse für Ari. Während Eran dann die Zwiebelsäcke und Gemüsepaletten in den Caddy lädt, sitzt Ari wie ein kleiner König auf der Kühlerhaube, schaut zu und mampft dabei genüsslich sein türkisches Frühstück.

Auch wenn sich Eran entgegen aller Mahnungen des Rabbiners dazu entschieden hat, sein Bistro am Schabbat zu öffnen, ist der Samstag trotzdem ein besonderer Tag im Zahav.

Manchmal backe ich Challa, und wir bieten den Gästen zusätzlich zum Pitabrot auch noch ein paar Scheiben von dem Hefezopf an. Eran bereitet schon am Freitagnachmittag den Chamin zu. Das ist ein traditioneller Schabbat-Eintopf mit Rindfleisch, Kartoffeln, Kichererbsen, Weizenkörnern und hart gekochten Eiern. Die osteuropäischen Juden nennen das Gericht Tscholent. Überall auf der Welt, wo es Juden gibt, gibt es auch diesen Eintopf. Natürlich benutzt jede Familie andere Gewürze und Zutaten. Eran hält sich an das Rezept seiner Mutter und benutzt viel Kurkuma und andere orientalische Kräuter, so wie es eben die persischen Juden mögen. Alle Zutaten kommen in einen Topf und werden auf kleinster Flamme auf einer sogenannten Schabbat-Herdplatte über Nacht gekocht, denn traditionell dürfen Juden während des Schabbat keinen Strom an- oder ausschalten. Die Schabbat-Herdplatte wird einfach am Freitag vor Sonnenuntergang in die Steckdose gesteckt und erhitzt dann langsam und beständig den Eintopf, bis sie am Samstagabend nach Sonnenuntergang wieder ausgestöpselt werden darf.

Damit nicht alles zu einer großen Pampe verkocht, werden die verschiedenen Zutaten in kleine, flüssigkeitsdurchlässige Säckchen gepackt. Da Eran anfangs nicht die entsprechenden Säckchen im Supermarkt finden konnte, stibitzte er sich meine Nylonstrumpfhosen und zerschnitt sie in mehrere Teile, die er dann an beiden Seiten zuband. Wohlgemerkt meine neuen, noch unbenutzten Strumpfhosen.

Jeden Samstag um kurz vor zwölf, wenn das Restaurant eröffnet, stehen schon die Chamin-Fans vor der Tür und warten. Die Nichtjuden unter ihnen waren zunächst sehr misstrauisch, wenn sie die hart gekochten Eier schälten, deren Eiweiß sich nach dem langen Kochen mit den anderen Zutaten bräunlich verfärbt hatte. Aber inzwischen haben sie sich daran gewöhnt. Einmal rief sogar die Sekretärin des israelischen Botschafters an. Er wollte unbedingt den Chamin probieren, aber fand es unpassend, an einem Schabbat im Zahav aufzutauchen. Also kochte Eran den Eintopf schon einen Tag früher, und am Freitagnachmittag, kurz vor Beginn des Schabbats, hielt eine Autokolonne vor dem Restaurant und versperrte der Tram den Weg, was für allerlei Gemecker auf der Straße führte. Der Botschafter war mit seinem schwarzen Wagen, zwei Polizeistreifen und einem privaten israelischen Wachdienst gekommen. Während er in aller Ruhe seinen Chamin genoss und sich anschließend noch fünf Portionen für seine Familie einpacken ließ, saßen zwei Bodyguards mit Pistolen im Restaurant verteilt und überwachten jede Bewegung der anderen Kunden und des Personals. Als die Eskorte wieder abfuhr, wischte sich Eran erschöpft den Schweiß von der Stirn.

»It's not easy being Jewish – es ist nicht leicht, Jude zu sein«, erklärte er mir, denn natürlich hatte ich mir das Spektakel nicht entgehen lassen und war extra für den Botschafterbesuch hinüber ins Zahav gekommen.

»It's not easy being married to a Jew – es ist nicht einfach, mit einem Juden verheiratet zu sein«, konterte ich. »But there's never a dull moment – aber langweilig wird es nie.«

12. Bist du Jude?

Als anständiges Professorentöchterchen wurde ich früher in Deutschland nie persönlich mit Rassismus konfrontiert. Das änderte sich schlagartig, als ich mit Eran zusammenkam.

Unseren ersten gemeinsamen Roadtrip machten wir nach Usedom. Wir waren erst ein paar Wochen zusammen und noch ganz euphorisch in unserem jungen Glück. Ich nahm mir ein paar Tage frei, wir mieteten uns einen Wagen und fuhren über die Mecklenburgische Seenplatte an die Ostsee. Es hätte idyllischer nicht sein können: Die Sonne schien, entlang der Weizenfelder blühten Kornblumen und Klatschmohn, unterwegs besichtigten wir einige verfallene Backstein-Kirchen und trudelten dann abends gemächlich in Heringsdorf an. Nachdem wir in ein Hotel etwas außerhalb direkt am Meer eingecheckt hatten, erzählte uns das Fräulein am Empfang, dass im Ort ein Sommerfest stattfinden würde. Was für ein schöner Abschluss für einen gelungenen Sommertag, dachten wir uns und spazierten über die Strandpromenade hinüber zum Dorf. Die Linden blühten und dufteten in der Abenddämmerung, hinter den Stauden der Strandrosen hörten wir sanft die Wellen rauschen. Eran war selig, als er direkt an einem der ersten Straßenstände Quarkbällchen entdeckte.

»Guck mal, hier gibt es ja Sufganiot!,« rief er und be-stellte sich eine große Papiertüte voll mit den gezucker-ten, frittierten Hefebällchen. Sufganiot sind, wie bereits erwähnt, so ähnlich wie Berliner Pfannkuchen, und in Israel werden sie zuhauf an Chanukka, dem jüdischen Lichterfest, gegessen.

»Schmeckt wie zu Hause«, stellte er zufrieden fest. Händchenhaltend schlenderten wir über das Straßenfest. Ich kaufte uns Grillwürstchen zum Abendessen und et-was zu trinken. Besonders aufregend war das Fest nicht, aber nett. Es gab die üblichen Stände mit gebrannten Mandeln, Lebkuchenherzen und Zuckerzeug, außerdem Kinderkarussells, Hüpfburgen und Schießstände. Die Dorfjugend tummelte sich am Bierstand. Als wir an den angetrunkenen jungen Männern vorbeiliefen, bemerkte ich irritiert, dass sie uns anstarrten. Eran war zu beschäf-tigt mit seinen Quarkbällchen, er sah die glatzköpfigen Jungs nicht. Da er damals noch kaum Deutsch verstand, hörte er sie auch nicht.

»Türkenhure, hau ab«, grölten sie hinter mir her. Erst zwei, dann drei, dann immer mehr und immer lauter. Immer wieder.

Ich erstarrte innerlich. Dann bekam ich Angst. Ich beschleunigte meinen Schritt und versuchte, Eran so schnell wie möglich vom Bierstand wegzulotsen. Erst jetzt merkte er, dass etwas nicht in Ordnung war mit mir.

»Was ist los?«, fragte er mich.

Ich war noch blasser als sonst und fühlte mich regel-recht besudelt. Mir war übel, ich wollte nur noch weg von diesem ekligen Fest und den widerlichen Menschen. Auf dem Rückweg zum Hotel erzählte ich Eran, was die Männer geschrien hatten. Obwohl ich schockiert war, versuchte ich den Vorfall herunterzuspielen. Ich wollte nicht, dass Eran ein schlechtes Bild von meiner Heimat bekam.

»Das war ein Einzelfall, so was ist mir noch nie passiert, es gibt überall auf der Welt Idioten und Rassisten«, sagte ich beschwichtigend, während ich innerlich meine eigenen Worte anzweifelte.

Eran schaute mich traurig an. Ihm war klar, dass der Rassismus natürlich auch ihm gegolten hatte. Wäre ich mit einem anständigen deutschen Burschen zum Heringsdorfer Sommerfest gegangen, wäre ich niemals als Hure beschimpft worden.

Am nächsten Tag reisten wir früh ab aus Heringsdorf und fuhren weiter nach Peenemünde ganz im Nordwesten von Usedom. Dort hatten die Nazis ab 1936 ihre Heeresversuchsanstalt aufgebaut, in der sie ihre sogenannten Wunderwaffen entwickelten. Mit ihrer V2-Rakete – so suggerierten sie es fälschlicherweise der kriegsmüden Bevölkerung – würden sie den Krieg gegen die Alliierten doch noch zu Gunsten Deutschlands entscheiden. Wir liefen über das Testareal im Freien und wunderten uns über deutsche Familienväter, die stolz ihren Nachwuchs neben die Repliken der V2-Raketen stellten und fotografierten. Als hätten sie noch nie etwas von den sechzig Millionen Opfern des Zweiten Weltkrieges gehört. Im Museum, einem ehemaligen Kraftwerk, sah ich, wie Eran lange vor einer Stelltafel stehen blieb und ging hinüber zu ihm. Dort hing ein vergilbtes Poster der Nazis. Auf blutrotem Hintergrund stand dort in altdeutscher, schwarzer Schrift »Rassenschande«. Darüber war ein Mann mit dunkler Haut und riesiger Hakennase abgebildet, der sich lüstern über eine hübsche, weißgesichtige

194

Frau beugte. Weiter unten war zu lesen: »Todesstrafe für Rasseschänder« und der Aufruf an alle Arier, gegen die »jüdischen Menschlichkeitsverderber« zu kämpfen.

Auf dem Rückweg nach Berlin war unsere Stimmung wesentlich gedämpfter als auf der Hinfahrt. Ich musste daran denken, wie wir uns bei unserem ersten Gespräch an der Uni in New York gegenseitig hatten weismachen wollen, dass wir nichts mit der Vergangenheit am Hut hätten und anders als die meisten Israelis und Deutschen nicht ständig immer nur über Nazis, Juden und den Holocaust reden wollten. Jetzt hatte uns das Dauerthema der deutsch-jüdischen Beziehungen doch eingeholt.

Bei unserem nächsten Besuch im Osten waren wir schon zu viert. Wie viele Berliner Familien packten wir an einem heißen Sommerwochenende unsere Badesachen, Decken und Schwimmflügelchen für Miri und Ari ins Auto und fuhren hinaus an einen der vielen Brandenburger Badeseen.

»Fahrt zu einem der weiter entfernten Seen, die man nicht mehr mit der Berliner S-Bahn erreichen kann«, hatten uns deutsche Freunde geraten. »Dort ist es nicht so überlaufen.«

Super Idee, dachten wir und guckten uns einen kleinen See abseits der Autobahn aus. Wir parkten direkt an der Liegewiese, breiteten unsere Siebensachen in der Nähe des Ufers aus und entspannten. In der Tat schienen wir hier wirklich die einzigen Berliner zu sein. Ich schmierte die Kinder mit Sonnencreme ein, zog ihnen die Flügel über, und sie rannten jauchzend mit Eran ins Wasser. Gemütlich streckte ich mich auf der Decke aus und wollte gerade die Augen schließen, als mir ein Mann keine fünf Meter entfernt auffiel. Auf seinem Oberarm hatte er in riesiger Runenschrift »SS« eintätowiert. Neben ihm lag eine Skinheadbraut mit an den Seiten abrasierten Haaren und aschblond gefärbtem Pferdeschwanz. Das Paar kam wohl von hier, denn ständig wurden sie freundlich von immer neu dazukommenden Badegästen begrüßt. Ich schluckte. Da war sie auf einmal wieder, die dumpfe Angst, die ich zum ersten Mal in Heringsdorf verspürt hatte.

Mit den Kindern im Tross wollte ich nicht das Risiko einer weiteren Konfrontation mit Neonazis eingehen. Ich lief nervös hinunter zum Strand, rief Eran und die Kinder und befahl ihnen, sofort aus dem Wasser zu kommen. Während ich hektisch alle abrubbelte, sah ich, wie wir feindselig angestarrt wurden. Eran und Miri mit ihrer braunen Haut und den dunklen, fast schwarzen Haaren fielen hier auf. Sonst waren alle um uns herum Biodeutsche. Ausländer gab es schließlich kaum in Ostdeutschland. Ich unterdrückte aufkeimende Panikanflüge, trug unsere Badetaschen betont ruhig zum Auto und entspannte erst wieder, als wir auf der Autobahn waren.

Als die Kinder kurz darauf anfingen zu quengeln, weil sie Hunger hatten, hielten wir an einer Autobahnraststätte dreißig Kilometer vor Berlin und gingen zu McDonald's. Schon von draußen sah ich durchs Fenster, dass in einer Ecke des Restaurants mindestens ein Dutzend Skinheads saßen. Mittlerweile stand ich kurz vor dem Nervenzusammenbruch. Hysterisch schickte ich Eran mit den Kindern wieder ins Auto, ging alleine zu McDonald's und bestellte Burger und Pommes zum Mitnehmen. Während die Kinder auf der Weiterfahrt zufrieden ihr Junkfood aßen, saß ich still weinend neben Eran auf dem Beifahrersitz. Ich war verzweifelt, aber auch wütend. Was war das für ein Wahnsinn: Ich konnte mich in meinem eigenen Land nicht mehr frei bewegen, nur weil meine Familie nicht reinrassig arisch aussah.

Seitdem trauen wir uns nur noch in Begleitung von deutschen Freunden und im Schutz größerer Gruppen nach Ostdeutschland. Bevor wir einen Ausflug außerhalb der Stadtgrenzen planen, googele ich regelmäßig die aktuellen Wahlergebnisse in unserem Zielort. Wenn die Nationalisten dort mehr als zwanzig Prozent gewonnen haben, sagen wir die Ausflüge ab. Leider passiert das immer öfter, je länger wir in Berlin leben. Wenn die anderen dann ohne uns zu den Seen fahren, gehen wir eben ins Freibad im Wedding und machen Arschbomben gemeinsam mit den anderen Einwandererkindern aus dem Nahen Osten. Solange wir niemandem erzählen, dass wir eine deutsch-israelische Familie sind und auch nicht zu laut Hebräisch sprechen, gehen wir locker als deutsch-arabische Familie durch und werden von niemandem angestarrt oder belästigt. Wir gehören fast dazu.

Wenn wir an Weihnachten zu meinen Eltern nach Düsseldorf fuhren, nötigte ich von nun an alle Familienmitglieder vor der Fahrt auf die Toilette. Eran sagte ich, dass er, bevor wir aufbrachen, noch einmal in Berlin volltanken musste. Dann fuhren wir in einem Rutsch durch Brandenburg und Sachsen-Anhalt, bis wir an der ehemaligen innerdeutschen Grenze angekommen und Ostdeutschland hinter uns gelassen hatten. Erst im Westen waren Pinkelpausen, Auftanken und Brotzeiten wieder erlaubt. Wenn wir auf der Autobahn an Helmstedt vorbeifuhren und das Denkmal für die deutsche Teilung sahen, entspannten wir uns. Ich schickte innerlich ein

Dankesgebet an die Millionen »Gastarbeiter«, die in den Sechzigern nach Westdeutschland gekommen und geblieben waren. Sie hatten dafür gesorgt, dass die Wessis sich an Familien wie uns gewöhnt und nicht beim Anblick eines jeden braunhäutigen Menschen die Fassung verloren und durchdrehten.

In Berlin fühlen wir uns eigentlich sicher. Meistens. Aber auch hier passieren immer mal wieder Dinge, die uns daran erinnern, dass wir anders sind. Und dass ganz schön viele der ehrenwerten deutschen Mitbürger und Mitbürgerinnen ein Problem damit haben, dass wir nicht genauso sind wie sie. Die kleinen, unschönen Begegnungen des Alltags versuchen wir tapfer zu ignorieren. Wenn zum Beispiel deutsche Autofahrer Eran duzen, wenn sie ihn anbrüllen. Weil man ja Kanaken nicht siezen muss. Oder wenn ältere Leute aufstehen und weggehen, wenn Eran sich in der U-Bahn neben sie setzt – er könnte ja vielleicht Typhus und Syphilis einschleppen mit seinem fremdländischen Look. Oder die Polizeikontrolle unlängst im Wedding, als der Beamte von Eran nicht nur seinen Führerschein und den Pass mit der Aufenthaltserlaubnis verlangte, sondern direkt auch noch nach der Bescheinigung fürs Mietauto fragte – wie sollte er denn auf die abwegige Idee kommen, dass ein Ausländer ein eigenes Auto besitzt.

Während meiner Elternzeit mit Ari machte ich fast jeden Morgen einen langen Spaziergang durch Mitte, nachdem ich Miri in die Kita gebracht hatte. Am späten Vormittag ging ich dann oft noch im Zahav vorbei. Ich passte meistens den Moment ab, an dem Eran von seinen morgendlichen Einkäufen zurückgekommen war, aber die Mittagsgäste noch nicht da waren. Dann kochte Eran uns einen starken, schwarzen Kaffee, und wir setzten uns zusammen auf die Bank vor dem Restaurant. Wir plauderten ein paar Minuten und besprachen den Rest des Tages, bevor ich mit Ari wieder nach Hause ging, um ihn für seinen Mittagsschlaf hinzulegen.

Als ich mal wieder von einer meiner Kinderwagen-Runden ins Zahav kam, blieb Eran ganz entgegen seiner Gewohnheiten hinten in der Küche, als ich ins Restaurant hineinging und seinen Namen zur Begrüßung rief. Normalerweise kam er sonst immer sofort nach vorne in den Gastraum und begrüßte Ari und mich freudig. Ich ging in die Küche und sah Eran von hinten, über die Arbeitsplatte gebeugt, stoisch Tomaten und Gurken klein schneidend. Er hatte mich nicht gehört. Als ich ihn noch mal ansprach, drehte er sich um und guckte mich mit roten, verquollenen Augen an. Tränen liefen ihm über die Wangen.

»Was ist passiert?«, fragte ich ihn erschrocken.

»Alles halb so schlimm«, antwortete er und lächelte mich schief unter seinen Tränen an. Wie immer versuchte er zuerst, mich zu beruhigen.

Dann erzählte er: Wie üblich war er morgens zum türkischen Gemüsehändler gefahren, um frische Zutaten für seine Salate zu kaufen. Er hatte das Auto auf dem Parkplatz hinter dem Laden abgestellt und die leeren Gemüsepaletten aus dem Kofferraum geholt, um sie am Hintereingang des Ladens abzugeben. Das machte er immer, der Besitzer und die Angestellten kannten ihn gut und hatten sogar darum gebeten, dass er die leeren Holzkisten wieder zurückbrachte. Als er mit den übereinandergestapelten Kisten über den Parkplatz ging, wurde er von der Seite von einem älteren deutschen Mann angepöbelt.

»Du Scheiß-Araber, was denkst du dir eigentlich dabei, deinen ganzen Müll hier hinzuschmeißen?«, schrie der Mann ihn aus heiterem Himmel an.

Eran guckte den Mann mit seinen spärlichen Haaren und grauen Kittel perplex an und antwortete: »Ich bin kein Araber, ich bin Jude. Und hör auf, mich so anzuschreien.«

Der Alte wurde noch aggressiver und brüllte: »Du bist Jude?« Er holte eine Spraydose mit Pfeffergas aus seiner Kitteltasche und sprühte Eran das Gas aus nächster Nähe in die Augen. Dann lief er schnell davon. Eran, der immer noch die Gemüsekisten in seinen Händen hielt, konnte so schnell gar nicht reagieren, wie er angegriffen wurde. Er ließ schreiend die Kisten fallen, stürzte auf den Boden und wand sich vor Schmerz. Als die Arbeiter aus dem Laden angelaufen kamen, weil sie seine Schreie gehört hatten und ihn zusammengekrümmt auf dem Parkplatz liegen sahen, riefen sie sofort einen Krankenwagen.

Die Sanitäter wuschen Eran die Augen aus und wollten ihn ins Krankenhaus mitnehmen, aber er schickte sie wieder weg, sagte, er müsse sein Restaurant öffnen. Ich glaube, er stand einfach unter Schock. Bis heute ist mir nicht klar, wie er überhaupt vom Gemüseladen zurück zum Restaurant fahren konnte, denn er konnte ja kaum etwas sehen.

Nachdem Eran mir den ganzen schrecklichen Vorfall geschildert hatte, rief ich sofort die Polizei. Drei Beamte kamen und ließen sich die ganze Geschichte noch einmal von ihm erzählen, während sie sich Notizen machten.

Am Schluss fragte einer der Beamten: »Würden Sie diesen Vorfall als politisch motiviert einstufen?«

Eran schaute den Polizisten fragend an. »Muss ich

diese Einordnung machen? Wissen Sie das nicht eigentlich am besten?«

Der Beamte sagte daraufhin nichts mehr, aber ich sah, wie er auf seinen Notizblock schrieb: Opfer sagt nicht, dass der Vorfall politisch motiviert ist.

Dann verabschiedeten sich die drei und sagten, sie würden sich auf die Suche nach dem Täter machen.

Am Abend, als Eran endlich nach Hause kam, war er vollkommen erschöpft und stand noch immer unter dem Eindruck der Attacke. Hunger hatte er nicht, er ging direkt ins Bad, um zu duschen. Doch kaum hatte er das Wasser angedreht, fing er gellend an zu schreien. Mit Ari unterm Arm rannte ich zum Badezimmer und riss die Tür auf, um zu sehen, was passiert war. Aus dem Bad kam mir ein solch scharf beißender Wasserdampf entgegen, dass ich die Tür sofort wieder zuschlug. Das inzwischen getrocknete Reizgas hatte sich beim Kontakt mit dem Wasser wieder von Erans Haut gelöst, war zum zweiten Mal in seine Augen gekommen und hatte sich durch den Wasserdampf überall in der Luft verteilt. Obwohl ich nur ein bisschen Dampf abbekommen hatte, brannten meine Augen und die Gesichtshaut höllisch. Ari schrie aus voller Lunge und rang nach Luft, auch er hatte eine Ladung Wasserdampf mit Pfeffergas abbekommen. Miri, die schon geschlafen hatte, kam verstört aus ihrem Zimmer gelaufen und wollte wissen, warum wir alle schrien und weinten.

Ich wusste nicht mehr, was ich machen sollte. Panisch heulend rief ich zwei Freunde an. Beide kamen sofort. Der eine brachte Eran ins Krankenhaus, denn seine Augen hörten nicht auf zu brennen, und er konnte nur noch verschwommen sehen. Der andere beruhigte mich und die Kinder, lüftete die Wohnung, wusch unsere Gesichter ab und blieb bei uns, bis Eran spätnachts endlich wieder nach Hause kam. Zum Glück hatte Eran keine bleibenden Schäden an den Augen. Seine Seele haben sie im Krankenhaus nicht untersucht.

Von der Polizei erfuhren wir ein paar Wochen später, dass sie den Täter gefunden hatten. Die Angestellten des Gemüsehändlers hatten den Mann noch weglaufen sehen und wussten, dass er als Hausmeister in einem der angrenzenden Wohnblöcke arbeitete. Beim Verhör erzählte der Hausmeister den Polizisten, Eran habe ihn bedroht und gesagt, er würde ihn in einem KZ vergasen. Er habe sich dann nur aus Notwehr selbst verteidigt. Das war so ungefähr die infamste und idiotischste Lüge, die man einem Juden unterstellen konnte. Da es jedoch keine weiteren Zeugen gab, stand Aussage gegen Aussage, und nach ein paar Monaten bekam Eran einen Brief von der Staatsanwaltschaft mit der Mitteilung, dass das Verfahren eingestellt worden sei.

Danach hatten wir für eine Weile unsere Ruhe. Zwar hörten wir immer öfter von antisemitischen und rassistischen Übergriffen, aber wir wussten ja inzwischen, welche Regionen wir meiden und wie wir uns verhalten mussten, um keine Aggressionen zu provozieren.

Bis zum 9. November. Der 9. November ist ja bekanntlich einer der schicksalsträchtigeren Tage der jüngeren deutschen Geschichte. Selbst in meiner mündlichen Abiturprüfung musste ich damals aufzählen, was an diversen 9. Novembern schon alles passiert war in Deutschland: 1918 die Ausrufung der Republik, 1938 die Reichspogromnacht und 1989 der Fall der Berliner Mauer.

Zu diesen nationalen Gedenktagen können wir inzwischen auch unseren persönlichen 9. November hinzufügen. An jenem Tag, ich saß gerade an einem Nachrichtentext in der Redaktion, rief mich einer meiner Kollegen hinüber zu seinem Computer.

»Guck mal, die DPA hat gerade eine Meldung über eine Neonaziseite im Internet gebracht, auf der jüdische Einrichtungen bedroht und mit genauen Adressen angegeben werden«, sagte er.

Zum Jahrestag der Pogromnacht 1938, als in ganz Deutschland die Synagogen gebrannt hatten, jüdische Läden zerstört, Juden verhaftet, geschlagen und in Konzentrationslager verschleppt worden waren, hatte eine rechtsextreme Gruppe auf Facebook unter der Überschrift »Juden unter uns!« einen Stadtplan von Berlin veröffentlicht, auf dem siebzig Adressen von jüdischen Einrichtungen aufgelistet wurden. Synagogen waren dabei, Schulen, Kindergärten und Restaurants. Und auch das Café Zahav war auf der Nazi-Liste aufgeführt.

Ich fühlte mich einfach nur noch kraftlos. Würde das denn niemals aufhören? Wurde eigentlich alles nur noch immer schlimmer? Aber wir durften doch die anderen nicht gewinnen lassen. Ich setzte mich fünf Minuten auf die Toilette, der einzige Ort in der Redaktion, wo es leise war und man allein sein konnte. Dann hatte ich mich wieder gesammelt, holte mein Handy und rief bei Eran an.

»Ach so, jetzt verstehe ich die E-Mails, die ich bekommen habe«, sagte er, nachdem ich ihm von der Nazi-Karte erzählt hatte. Ein Verein, der Rechtsextremismus bekämpft, hatte ihn kontaktiert und zur Vorsicht geraten. Von anderen Ladenbesitzern hatte er dieselbe Mail weitergeleitet bekommen. Die Polizei sei informiert und werde sich auch melden, sagten andere betroffene Juden, die ihn am Abend noch anriefen.

Eran blieb ruhiger als ich angesichts dieses neuesten Vorfalls. Irgendwann fragte ich ihn, wie er das alles überhaupt noch aushalten könne, ständig die fiesen rassistischen Demütigungen im Alltag, die Angriffe auf seine Person, der wachsende Antisemitismus. Ich konnte es kaum noch ertragen, dabei wurde ich ja meist nur indirekt Opfer des Hasses auf ihn.

»Wir Juden werden schon seit Jahrhunderten gehasst und verfolgt, das wird sich nie ändern«, sagte er. »Aber wir haben trotz allem immer überlebt, und wir werden auch weiterhin überleben. Und wenn ich jetzt in Angst lebe, dann haben die anderen doch schon erreicht, was sie wollten. Ich lasse mich nicht einschüchtern und verstecke mich vor niemandem. Es hat uns Juden noch nie geholfen, wenn wir uns verleugnet und klein gemacht haben. Als Israeli habe ich seit meiner Kindheit gelernt, dass man sich gegen alle seine Feinde wehren und immer Stärke zeigen muss – sonst geht man unter.«

Ich war trotzdem erleichtert, dass die Polizei nun verstärkt Streife vor dem Zahav fuhr. Zudem kamen zwei uniformierte Beamten mehrmals am Tag an unserem Restaurant vorbeigelaufen und schauten nach dem Rechten. Das hatten wir zum letzten Mal während des Gaza-Krieges erlebt, als arabische Demonstranten durch die Straßen deutscher Großstädte gelaufen und »Juden ins Gas!« skandiert hatten. Mittlerweile kam mir der Polizeischutz schon fast wie eine traurige Routine vor.

Ein paar Tage nach der Veröffentlichung der Nazi-Karte meldete sich die Kripo zu einer »Sicherheitsbegehung« des Zahav an, wie sie es nannten. Zwei freundliche Kriminalpolizisten in Zivil kamen morgens vorbei, nachdem wir die Kinder in die Schule und die Kita gebracht hatten. Wie üblich bemühten wir uns darum, dass die Kinder so wenig wie möglich von dem Vorfall mitkriegten. Sie sollten sorgenfrei und fröhlich aufwachsen. Die Realität würde sie eh noch früh genug einholen.

»Als Erstes würde ich Ihnen mal ganz praktisch raten, Ihren Safe so zu verstecken, dass er nicht direkt von der Straße aus sichtbar ist«, sagte der Jüngere der beiden Polizisten zu Eran. »Gelegenheit macht Diebe.«

Die Männer liefen durchs Restaurant, guckten sich den Hinterhof und den Keller an, hatten aber ansonsten nichts weiter zu beanstanden. In erster Linie waren sie wohl gekommen, um uns zu beruhigen.

»Die Karte wurde inzwischen gelöscht, die Staatsanwaltschaft ermittelt, und die rechtsextreme Gruppe, die vermutlich dahintersteckt, ist bislang noch nicht durch aktive Gewalttaten gegen Juden aufgefallen«, erklärte der ältere Kripobeamte uns. »In erster Linie zünden sie die Autos von linken Aktivisten an.«

»Ein paarmal haben sie auch schon Antifa-Cafés zerstört«, fügte der andere noch an.

Anscheinend sahen Eran und ich nach dieser Ansprache nicht wirklich überzeugt aus, denn schließlich beugte sich der Jüngere der beiden zu uns hinüber und sagte mit etwas gedämpfter Stimme, so, als ob es nicht dem üblichen Amtsgebahren entsprechen würde:

»Seien wir doch mal ehrlich, Juden, Roma und Schwule sind momentan nicht direkt in der Schusslinie der Rechtsextremisten. Seit der Flüchtlingskrise haben die sich ganz auf Asylbewerber und Muslime eingeschossen.«

Das war nett gemeint von dem Beamten. Doch sollten wir jetzt erleichtert sein, dass wir ein bisschen Aufschub bekommen hatten, weil die Nazis erst mal die Muslimfrage lösen wollten?

13. Der koschere Stammbaum

Die Ben-Yehuda-Straße in Tel Aviv verläuft parallel zum Meer durch das Zentrum der Stadt, nur um die hundert Meter vom Strand entfernt. Sie ist gesäumt von kleinen Kiosken, die rund um die Uhr geöffnet sind, Apotheken und Krimskrams-Läden, altmodischen Barbieren und Cafés.

Abends, nach unseren Sommertagen am Strand, schlendern wir manchmal über die Ben-Yehuda-Straße Richtung Norden zur Ben-Gurion-Straße, biegen dort rechts ein und gehen über den begrünten Mittelstreifen bis zur Dizengoffstraße. Dort steht an einer Straßenecke im Schatten der alten, knorrigen Ficusbäume der Saftstand Tamara. Das kleine Häuschen ist über und über mit Früchten dekoriert, mit Granatäpfeln, Bananen, Guaven, Orangen, Datteln und Ananas. Natürlich ist das Obst »Made in Israel«. Miri wählt sich ihre drei Lieblingssorten aus, meist Erdbeere, Mango und Passionsfrucht, und schaut zu, wie die Früchte direkt vor ihren Augen von den Verkäufern mit zerkleinertem Eis zu einem leckeren Smoothie püriert werden. Ari mag kein Obst, sondern überredet uns meistens, auf der Straßenseite gegenüber beim Bäcker eine Zimtschnecke für ihn zu kaufen. Auf dem Rückweg spazieren wir dann wieder auf dem gleichen Weg zurück bis zum Parkplatz am Strand, wo wir das Auto von Erans Mutter abgestellt haben.

Einmal, als wir wieder in der Abenddämmerung über die Ben-Yehuda-Straße zurückschlenderten und genüsslich unsere Smoothies durch Strohhalme aus den Plastikbechern schlürften – Miri war so klein, dass sie noch im Buggy saß, Ari war noch nicht auf der Welt – sprach uns eine kleine ältere Dame an. Sie hatte wohl gehört, wie Miri und ich auf Deutsch miteinander sprachen.

»Was für ein hübsches Mädchen«, rief sie entzückt und in akzentfreiem Deutsch, beugte sich über Miri in ihrem Buggy und streichelte ihre Haare. Es war heiß und schwül, trotzdem trug die Dame eine fliederfarbene Jacke über ihrer blütenweißen Bluse, einen eleganten, knielangen Rock und feine Seidenstrümpfe. Der hölzerne Gehstock mit dem messingfarbenen Knauf wirkte in ihrer Hand vornehm, aber gleichzeitig völlig deplatziert hier im trubeligen Nahen Osten. Ihre Haare waren kurz geschnitten und schneeweiß, sie musste weit über achtzig Jahre alt sein. Die Dame war eine Jecke, eine aus Deutschland nach Israel eingewanderte Jüdin, erklärte sie uns. Als sie hörte, dass wir aus Berlin kamen, freute sie sich und erzählte uns von ihrer eigenen Kindheit dort. Sie hatte in den Hackeschen Höfen in Mitte gewohnt, erzählte sie in einem wunderschönen, altmodischen Deutsch, wie ich es zuletzt bei meiner inzwischen verstorbenen Großmutter gehört hatte.

»Die Hackeschen Höfe sind durch mehrere Hinterhöfe miteinander verbundene Apartmenthäuser, wunderschön gekachelt und verziert«, erklärte sie uns. »Sie liegen in der Nähe der großen Synagoge auf der Oranienburger Straße. Allerdings sind wir früher höchstens mal an Rosch ha-Schana oder Jom Kippur zum Gottesdienst in die Synagoge gegangen. Meine Eltern waren nicht sehr religiös.«

Während sie neben uns herlief, fuhr sie fort: »Kurz nachdem die Nazis an die Macht gekommen waren, sind wir nach Palästina ausgewandert, wie es hier damals noch hieß. Wir kamen mit einem Schiff im Hafen von Jaffa an, alles war furchtbar schmutzig, es war heiß und übelriechend, und überall waren Fliegen.«

Beim Gedanken daran rümpfte sie noch Jahrzehnte später voller Abscheu ihre Nase.

»Meine Schwester und ich fanden das so schrecklich, dass wir ein paar tote Fliegen in eine Streichholzkiste gesteckt und zu unseren Cousinen nach Berlin geschickt haben, damit sie sich vorstellen konnten, wie unkultiviert hier alles war«, erzählte sie und fügte dann nach einer kleinen Pause leise an: »Die Cousinen haben nicht überlebt.«

Für einige Augenblicke entschwand sie mit ihren Gedanken in der Vergangenheit.

»Ich war nie wieder in Deutschland«, sagte sie dann und streichelte Miri dabei geistesabwesend über den Kopf. Sie schüttelte sich ein bisschen, als wollte sie die schmerzhaften Erinnerungen vertreiben und wieder zurück in die Gegenwart finden. »Die Kinder sind unsere Zukunft«, erklärte sie schließlich mit einem liebevollen Blick auf Miri, fast so, als sei sie ihre eigene Enkeltochter. »Jedes einzelne Kind ist ein lebender Beweis dafür, dass die Nazis es nicht geschafft haben, uns zu vernichten.«

Wir waren an der Ecke Ben-Yehuda- und Frishman-Straße angekommen. Die alte Dame blieb stehen und verabschiedete sich von uns. Sie hatte sich mit ihren deutsch-jüdischen Freundinnen im Café Mersand an der Ecke verabredet, einem Treffpunkt für Jeckes in Tel Aviv, wie sie uns erzählte. Viele von ihnen wohnten in den Straßenzügen rund um die Ben-Yehuda-Straße, und immer wieder hörte man ältere Herrschaften in diesem Stadtviertel leise auf Deutsch miteinander sprechen. So, als wüssten sie eigentlich, dass sie wie alle Israelis Hebräisch sprechen sollten, aber auch so, als könnten sie trotz allem nicht lassen von ihrer alten Sprache und Kultur. Die kleine Dame küsste Miri zum Abschied auf die Wange, wie man es in Israel macht, und schüttelte mir die Hand, wie es sich in Deutschland gehört.

Auch während meiner Zeit als Studentin in New York haben ich öfters Überlebende des Holocausts getroffen, besonders an der Upper West Side von Manhattan nahe der Columbia University, wo viele von ihnen damals lebten. Wenn ich deutsch sprach, beispielsweise auf dem Handy, wurde ich manchmal von ihnen angesprochen. Zuerst habe ich nicht verstanden, dass sie sich mit mir, einer Deutschen, unterhalten wollten. Ich war überrascht, dass sie teilweise sogar gezielt den Kontakt zu jemandem der Enkelgeneration, einem Nachkommen der Täter, suchten. Ob beim Delikatessenladen auf dem Broadway, im Hungarian Pastry Shop an der Amsterdam Avenue oder in der Subway nach Downtown Manhattan, immer wieder sprachen sie mich freundlich an, wollten sie sich mit mir in ihrer alten Muttersprache unterhalten. Sie erzählten viel über ihre Kindheit, aber meist nur über die guten Erinnerungen, die schöne Zeit in Deutschland, bevor die Nazis an die Macht kamen. Über die Jahre danach, in denen die Juden in Deutschland und Europa erst erniedrigt und entrechtet, dann verfolgt und schließlich deportiert und ermordet wurden, darüber redeten sie weniger. Und über ihre persönlichen Leiden während des Holocaust berichteten sie nur ganz selten und dann immer sehr zurückhaltend, so als müssten sie mich schonen vor den Grausamkeiten, die ihnen die Generation meiner Großeltern angetan hatte.

Ich glaube, sie suchten den Kontakt, trotzdem oder gerade weil es ihnen Hoffnung machte, jungen Deutschen zu begegnen, die demokratisch erzogen, offen und ohne Vorurteile waren. Menschen, die ihnen trotz der Gräuel der Shoah das Gefühl gaben, dass die Deutschen etwas gelernt hatten aus der Vergangenheit.

Auch in Erans erweiterter Familie gab es eine Holocaust-Überlebende. Zwar waren die meisten seiner Verwandten persische Juden, aber seine ältere Schwester Efrat hatte Joni, einen polnischen Juden, geheiratet. Er war in Israel geboren, aber seine Eltern waren beide Überlebende. Der Vater war schon lange tot, aber die Mutter, Rivka, kam zu jedem Fest, sei es Pessach, Rosch ha-Schana oder Chanukka. Wenn ich sie bei Familientreffen sah, setzte sie sich oft neben mich an den Tisch und unterhielt sich mit mir in einer Mischung aus Jiddisch, Deutsch, Polnisch und Hebräisch. Sie entschuldigte sich jedes Mal für die vielen Falten in ihrem Gesicht und fügte immer wieder erklärend hinzu, dass ihre helle, europäische Haut einfach nicht für die starke israelische Sonne gemacht sei. Sie erfreute sich an Miri und Ari und steckte uns bei jedem Treffen Geld zu, mit dem wir den Kindern Geschenke kaufen sollten.

Einmal hörte ich, wie sie Eran von ihrer Flucht aus

dem Nazi-Zwangsarbeiterlager Krasne, welches in der Nähe von Vilnius lag, erzählte. Zusammen mit ihrer Schwester Rachel konnte sie in einer Silvesternacht fliehen, weil die Wächter so betrunken waren, dass sie nicht richtig aufpassten. Stundenlang rannten die Mädchen durch den Schnee. Rivka ließ bald ihre Schuhe liegen, weil sie barfuß schneller laufen konnte.

»Bis heute tun mir meine Füße oft so schrecklich weh, weil mir die Zehen damals fast erfroren sind«, klagte sie, nur um Eran direkt danach mit leiser Stimme zuzuflüstern: »Aber erzähl bitte nicht deiner Frau, was die Nazis uns damals angetan haben.« Sie wollte vermeiden, dass ich mich ihretwegen unwohl fühlte beim Familientreffen.

Rivka ist vor zwei Jahren gestorben, sie wurde über neunzig Jahre alt. Und auch auf der Ben-Yehuda-Straße treffen wir nur noch selten Holocaust-Überlebende. Fast alle von ihnen sind inzwischen tot.

Bei meinen vielen Besuchen in Israel wurde ich nur ein einziges Mal wegen meiner deutschen Herkunft misstrauisch beäugt. Das war noch vor der Geburt unserer Kinder, als Eran und ich auf einem Roadtrip unterwegs nach Norden zum See Genezareth waren. In der kleinen Stadt Afula hielten wir kurz zum Tanken und kauften uns dann noch ein paar gesalzene Pistazien bei einem Marktstand nebenan. Während die Verkäuferin, sie war ungefähr so alt wie wir, die Nüsse abwog, fragte sie, woher ich käme. Als ich ihr auf Englisch sagte, dass ich aus Deutschland sei, guckte sie mich misstrauisch an, und als sie Eran die Nüsse und das Wechselgeld gab, fragte sie ihn auf Hebräisch mit gedämpfter Stimme: »Hast du dir ihren Stammbaum genau angeguckt? Ist sie koscher, oder hat sie Nazis in ihrer Familie?«

Als Jugendliche habe ich meine Oma manchmal gefragt, warum sie den Juden nicht geholfen habe im Dritten Reich. Ihre Antwort war stets die Gleiche: »Wir wussten doch gar nicht, was damals passiert ist.« Dann wechselte sie rasch das Thema. Ich fand das unbefriedigend, aber es war die einzige Antwort, die es gab. Für mich und die meisten Kinder der Enkelgeneration. Manchmal erzählte sie noch, dass sie und ihr Vater die Nazis nie gemocht hätten, während ihre Mutter und die drei jüngeren Geschwister leidenschaftliche Anhänger der NSDAP gewesen seien.

Erst als ich schon erwachsen war, habe ich ein bisschen mehr darüber erfahren, was in unserer Familie während des Dritten Reiches abgelaufen ist. Bei einem großen Familientreffen, dem letzten, bei dem meine Großmutter und ihre drei Geschwister noch lebten, hörten meine Schwester und ich still zu, als sich unsere Verwandten, die Cousins und Cousinen meiner Mutter, abends nach ein paar Gläsern Wein über ihre Väter unterhielten, nachdem diese schon zu Bett gegangen waren.

»Ich will gar nicht wissen, was mein Vater damals an der Ostfront als Offizier in Polen gemacht hat«, sagte der eine, während der andere noch tiefer in sein Rotweinglas schaute und nur bedrückt nickte. Dann verstummten sie.

Am nächsten Tag beim Frühstück, erzählte einer der erwähnten Großonkel meiner Schwester und mir, wie er den ihm untergebenen jungen Soldaten sämtliche Goldkettchen, die sie als Glücksbringer von ihren

Frauen bekommen hatten, abgenommen hatte. »So etwas Weibisches habe ich in meinen Reihen nie geduldet, Schwächlinge hatten es schwer bei mir«, brüstete er sich vor uns voller Stolz, Jahrzehnte nach Kriegsende. Was genau die beiden Großonkel sonst noch im Osten getrieben hatten, habe ich nie erfahren, es ist bis heute ein Tabu. Keiner hat gefragt, und keiner hat geredet.

Einzig die jüngste Schwester meiner Großmutter, Else, hat sich gnadenlos mit ihrer eigenen Rolle in der Vergangenheit auseinandergesetzt. Als Gymnasiastin war sie eine glühende Anhängerin des Bunds Deutscher Mädel, dem weiblichen Zweig der Hitlerjugend. Sie leistete begeistert mit ihren Freundinnen Arbeitsdienste fürs geliebte Vaterland, verehrte den Führer und war am Boden zerstört, als Deutschland den Krieg verlor und Adolf Hitler sich umbrachte.

Nach 1945 begab sie sich auf eine lange innere Suche nach dem Sinn ihres Lebens, reiste durch Europa, studierte Philosophie, Psychologie und Theologie und trat mit 35 Jahren als evangelische Diakonisse der Bethel-Schwesternschaft in Bielefeld bei. Über die Jahrzehnte tat sie viel Gutes in ihrem Orden, half unzähligen Menschen, unterstützte die Schwächsten der Gesellschaft, wo immer sie konnte, und schrieb mehrere Bücher. Ob sie Buße leisten wollte für die nationalsozialistischen Verfehlungen ihrer Jugend? Ich weiß es nicht. Böse Zungen in der Familie behaupteten manchmal, Else hätte einfach nur ihre BDM-Uniform gegen eine andere Uniform, die Schwesterntracht, ausgetauscht. Doch das war zu simpel und wurde der komplexen Persönlichkeit meiner Großtante nicht gerecht.

Nach dem Abitur hatte mich meine Mutter für eine

Woche nach Bethel zu meiner Großtante geschickt. Ich war zur Beunruhigung meiner Eltern damals ziemlich planlos, was meine Zukunft anging, und wusste noch nicht einmal, was ich studieren sollte. Vermutlich hoffte meine Mutter auf den weisen Einfluss von Else.

Meine Großtante wohnte allein in einem kleinen Häuschen in Bethel, direkt am Waldrand. Zu den Mahlzeiten gingen wir ins Mutterhaus, wo Dutzende von Diakonissen in grauen Gewändern und weißen Hauben in einem großen Essenssaal schweigend ihr Mahl zu sich nahmen. Meine Großtante zeigte mir die Bodelschwingh'schen Anstalten von Bethel, in denen viele Menschen mit Behinderungen lebten und Hilfe bekamen. Außerdem lud sie mich ins Theater ein, besichtigte Bielefeld mit mir, und wir gingen gemeinsam im Wald hinter ihrem Haus spazieren. Immer wieder versuchte sie, mit mir zu reden, aber ich habe mich damals ihren Gesprächsbemühungen nicht geöffnet. Ich wollte eigentlich nur wieder zurück zu meinen Freunden nach Düsseldorf, die die schulfreien Wochen nach dem Abi genossen, jeden Abend feierten und am nächsten Tag bis in die Mittagsstunden schliefen. Im Gegensatz zu meiner Oma, die selten über das Dritte Reich redete, bot Else mir das Gespräch an, aber nun war ich diejenige, die sich verweigerte und unwohl fühlte.

Beim Abschied am Bielefelder Bahnhof drückte Else mir eine schwere Stofftasche in die Hand. »Hier sind einige Bücher, die für mich über die Jahre von Bedeutung waren«, sagte sie und umarmte mich. »Vielleicht kannst du früher oder später etwas damit anfangen.«

Als ich im Zug saß, guckte ich nur oberflächlich in die Tasche, sah ein paar Geschichtsbücher, Werke über Astronomie und einen Band über Kraniche. Meine Tante liebte es, nachts den Sternenhimmel anzuschauen, und verbrachte jedes Jahr ein paar Tage in einem Bauwagen am Rande eines Naturschutzgebietes in Norddeutschland, um aufzupassen, dass die dort brütenden Kranichpaare nicht von Menschen gestört wurden. Zu Hause legte ich die Tasche ganz nach hinten in meinen Schrank und kümmerte mich nicht weiter darum.

Erst Jahre später, als Eran und ich unsere erste gemeinsame Wohnung in Manhattan bezogen, tauchten Elses Bücher plötzlich wieder beim Auspacken in einem meiner Bücherkartons auf. Eran staunte nicht schlecht, als er ein Buch nach dem anderen aus der Stofftasche herausfischte und zuallerunterst Elses altes Exemplar von Hitlers »Mein Kampf« fand. Gemeinsam blätterten wir durch das vergilbte Buch und waren erschüttert, mit wie viel Mühe und vermutlich quälenden Schuldgefühlen sie sich durch die Propagandaschrift ihres ehemaligen Führers gearbeitet hatte.

Auf fast jeder Seite hatte Else Sätze unterstrichen, Ausrufezeichen mit Bleistift an den Rand geschrieben oder sogar ganze Absätze markiert.

Auf Seite 444/445 steckte ein Lesezeichen. Hier hatte sie mehrere Absätze sogar mit rotem Buntstift markiert und an den Rand kleine graue Kreuze mit Bleistift gemacht.

»Es gibt nur ein heiligstes Menschenrecht, und dieses Recht ist zugleich die heiligste Verpflichtung, nämlich: dafür zu sorgen, dass das Blut rein erhalten bleibt«, stand dort geschrieben. Ich übersetzte den Satz für Eran ins Englische und auch die darauffolgenden, ebenfalls unterstrichenen Sätze von Adolf Hitler: »Ein völkischer Staat wird damit in erster Linie die Ehe aus dem Niveau einer

Rassenschande herauszuheben haben, um ihr die Weihe jener Institution zu geben, die berufen ist, Ebenbilder des Herrn zu zeugen.«

Im Nachhinein bereute ich, dass ich früher so verschlossen gegenüber meiner Großtante war und auf ihre vielen Gesprächsangebote ablehnend reagiert habe. Nun lebt sie nicht mehr, und ich werde nie erfahren, warum sie gerade diese Zeilen über die »Rassenschande«, also die Ehe zwischen Juden und Nichtjuden unterstrichen hatte. Ich kann sie nicht mehr befragen, wie sie die Nazizeit erlebt hat und wie sie in den Jahren danach gerungen hat, den Bruch in ihrer Biografie zu verarbeiten, einen Neuanfang zu finden, wie sie gesühnt hat und wie sie wohl schlussendlich doch ihren inneren Frieden gefunden hat.

Wenn meine Oma, der ich viel näherstand als meiner Großtante, uns Kindern über die Hitler-Jahre berichtete, dann waren diese Geschichten meist schrecklich, aber hatten nur selten direkt mit dem faschistischen Terror in Deutschland zu tun. Einmal erzählte sie, die bis an ihr Lebensende gerne feierte, wie sie bei einer Universitätsparty amerikanische »Negermusik« aufgelegt und dazu getanzt hatte, weshalb sie direkt am Tag darauf zur Gestapo vorgeladen wurde. Manchmal erinnerte sie sich an den Fliegeralarm und die vielen nächtlichen Bombenangriffe auf Darmstadt. Als meine Mutter noch ein Baby war, kam die Familie nach einem Luftangriff aus dem Bunker zurück in ihre teilweise zerstörte Wohnung, und genau dort, wo meine Mutter zwei Stunden vorher noch in ihrer Wiege geschlafen hatte, lagen mehrere Backsteine, die bei dem Angriff aus der Decke gebrochen und das Bettchen unter sich begraben hatten. Immer wieder sagte meine Großmutter, es sei ein Wunder, dass niemand aus ihrer Familie im Krieg umgekommen sei.

Sie erzählte auch davon, wie mein Großvater, der Professor für Maschinenbau an der Universität war, nach Kriegsende von den Amerikanern in Gefangenschaft genommen wurde und wie froh sie darüber war, dass er nicht den Russen in die Hände gefallen war.

Im Rahmen der »Operation Paperclip« hatten sich die Amerikaner im Wettlauf mit den Sowjets die besten Wissenschaftler aus Deutschland geschnappt und in die USA gebracht, um dort ihre eigene Forschung mithilfe der Deutschen voranzutreiben. Meinem Großvater ging es in der US-Gefangenschaft nicht schlecht. Er wurde anständig behandelt und bekam jeden Tag sogar mehrere Frühstückseier, wie er meiner Oma schrieb. Sie dagegen litt so sehr an Hunger, dass sie bei einer Radfahrt aufs Land, wo sie bei den Bauern ihren Erbschmuck gegen Naturalien tauschen wollte, vor Schwäche ohnmächtig umfiel.

Noch in der Kriegsgefangenschaft bekam mein Opa einen lukrativen Job in der Forschung in den USA angeboten, doch meine Oma weigerte sich trotz allen Elends im zerstörten Deutschland, ihm zu folgen. Stattdessen sorgte sie dafür, dass er schnellstens zurück nach Darmstadt kam. Sie wollte kein Leben in der Fremde führen, sondern in der Nähe ihrer Eltern und Geschwister bleiben.

»Vergiss nie deine Heimat, wo deine Wiege stand, denn in der Fremde findest du kein zweites Heimatland«, war denn auch der Spruch, den sie mir in mein rot-weiß gepunktetes Poesiealbum schrieb, das ich zu meinem siebten Geburtstag von meiner Mutter geschenkt bekommen hatte.

Mein Vater hat nicht oft über seine Kindheitserinnerungen vom Krieg gesprochen, seine Eltern sind früh gestorben, sodass ich von ihnen auch keine Geschichten zu hören bekam. Manchmal erzählte mein Vater, wie seine Familie in Bayern gemeinsam heimlich im Stall, versteckt hinter einem Strohballen, den »Feindsender« im Radio gehört hatte, um die Nazipropaganda zu umgehen. »Bumbumbum, bumbumbum«, meldete sich BBC aus London, um auf Deutsch über den wahren Verlauf des Zweiten Weltkrieges zu berichten. Zwei seiner Onkel waren gefallen, der Horror des Krieges hatte längst die Heimatfront erreicht. Als die Amerikaner 1945 Deutschland befreiten – mein Vater war damals fünf Jahre alt – und auch in seinem bayerischen Heimatdorf eimarschierten, wurde sein Stiefgroßvater zum Bürgermeister gemacht und der alte Nazi-Bürgermeister abgesetzt.

»Nazis gab es bei uns keine in der Familie«, erzählt mein Vater, und seit ich mich erinnern kann, hat er sich immer mit einer kompromisslosen Vehemenz gegen Nazis jeglicher Couleur gestellt, wie ich es sonst selten bei anderen Menschen erlebt habe.

Eines Abends, ich war vielleicht vierzehn Jahre alt, kamen wir von einem Restaurantbesuch aus Düsseldorf zurück in unsere Vorstadt, als wir dort an einer Bushaltestelle eine Gruppe von Neonazis sahen, die gemeinsam auf eine am Boden liegende Person einschlugen und traten. Erbost fuhr mein Vater langsam mit unserem pastellgelben Opel in die Gruppe hinein, sodass die Männer zurückweichen mussten, ob sie wollten oder nicht. Erst als mein Vater sah, dass der Kerl am Boden ebenfalls ein Skinhead war und die Männer also einen der ihren verprügelten, legte er den Rückwärtsgang ein und fuhr weg.

In den Achtzigerjahren wurde unser Vorort regelrecht von Skinheads tyrannisiert. Am kleinen Einkaufszentrum hing jeden Nachmittag eine große Gruppe von Neonazis herum, die sich besoffen und Leute anpöbelten. Irgendwann hatten wir alle eine solche Angst vor ihnen, auch die Erwachsenen, dass sich keiner mehr zur italienischen Eisdiele oder zum griechischen Imbiss dort traute. Selbst auf der verkehrsberuhigten Spielstraße vor dem Haus meiner Eltern marschierten die jungen Männer eines Abends vorbei, im Gleichschritt, während sie ihren rechten Arm immer wieder hochrissen und »Heil Hitler« brüllten. Ich war allein zu Hause und beobachtete die Nazis verängstigt und halb versteckt vom Küchenfenster, bevor ich dann die Polizei rief, die allerdings erst kam, als die Männer schon wieder verschwunden waren.

Gerüchte machten die Runde, dass die Skinheads ein bulgarisches Ehepaar gezwungen hätten, sich vor ihnen auf dem Boden am Einkaufszentrum zu entblößen. Der Mann hätte sich mit dem Gesicht auf die Bordsteinkante legen müssen, und dann hätten sie ihn so heftig mit ihren Springerstiefeln gegen den Hinterkopf getreten, bis ihm alle Zähne herausgebrochen seien. Der Frau, so hieß es, hätten sie auf den schwangeren Bauch geschlagen, bis sie ihr Baby verloren hätte. Ich habe damals als Jugendliche nie herausgefunden, ob die Gerüchte stimmten, allerdings verschwanden die Skinheads Ende der Achtziger einer nach dem anderen ganz plötzlich. Es hieß, sie seien alle im Gefängnis. Langsam kehrte Frieden ein, und wir trauten uns abends wieder zum Einkaufszentrum auf ein Eis oder eine Portion Gyros mit Pommes, ohne Angst vor rechten Übergriffen haben zu müssen.

Ich weiß noch genau, wann ich das erste Mal in meinem Leben das Wort »Nazi« hörte beziehungsweise las. Ich war acht Jahre alt, als ich von einer Nachbarin das Kinderbuch »Als Hitler das rosa Kaninchen stahl« zum Geburtstag geschenkt bekam. Die deutsche Jüdin Judith Kerr erzählt in dem autobiografischen Werk aus ihrer kindlichen Perspektive von Hitlers Machtübernahme 1933 und der späteren Flucht ihrer Familie vor den Nazis erst in die Schweiz und dann später über Frankreich nach England. Ein Jahr später schenkte mir eine Freundin meiner Mutter Anne Franks Tagebuch.

Als ich mit zehn Jahren aufs Gymnasium wechselte, gehörten die meisten meiner Lehrer der Achtundsechziger-Generation an. Von nun an hörte ich täglich von den Verbrechen der Nazis. Ob im Geschichtsunterricht, in Deutsch, Politik, Religion oder Philosophie, meine Lehrer waren besessen vom Dritten Reich, denn sie kamen überhaupt nicht klar mit der Tatsache, dass ihre Eltern, die sie liebevoll großgezogen hatten, gleichzeitig beteiligt gewesen waren am grausamsten Verbrechen der Menschheitsgeschichte, dem Massenmord an sechs Millionen Juden.

Und so wurden wir in der Schule unaufhörlich mit dem Holocaust konfrontiert. Im Religionsunterricht wurden uns alle Folgen der amerikanischen TV-Serie »Holocaust« gezeigt. In Geschichte nahmen wir das Dritte Reich, aber auch die Weimarer Republik immer wieder durch. Hilflos versuchten uns die Lehrer zu erklären, wie die Instabilität in den Jahren nach dem Ersten Weltkrieg die Menschen in Deutschland radikalisiert hatte. Richtig erklären, weshalb diese Radikalisierung im Dritten Reich und dem Holocaust enden würde, konnten sie es trotzdem nicht. In Deutsch interpretierten wir Gedichte über die Shoah und Texte von Bert Brecht über die Gefahren des Faschismus. In Philosophie sprachen wir über Schuld und Sühne, im Politikunterricht analysierten wir die Gefahren eines neu aufkeimenden Rechtsradikalismus. Immer wieder zeigten die Lehrer uns die alten, schwarzweißen Dokumentarfilme über den Holocaust. Über die Befreiung der Überlebenden in den Konzentrationslagern: ausgemergelte Menschen mit Totenschädelgesichtern und gestreiften Häftlingsuniformen, die leer in die Kameras guckten. Sie zeigten uns auch Dokumentarfilme über die Überbleibsel derer, die nicht überlebt hatten: Berge von Schuhen, abrasierten Haarbüscheln, leer geraubten Koffern. Sie erzählten uns von der Rampe und den Gasduschen in Auschwitz. Wie wir als Kinder mit diesem Horror klarkommen sollten, das sagten sie uns nicht. Weil sie ja selber nicht klarkamen mit den Verbrechen ihrer Eltern. Nie wieder, nie wieder, das war ihre Message an uns. Und: Ihr seid nicht direkt schuldig, aber ihr werdet als Deutsche für immer dieses Kainsmal durchs Leben tragen, und ihr seid dafür verantwortlich, dass so etwas nie wieder passiert.

Wenn es um Juden ging in der Schule, dann immer nur um tote Juden. In meiner kindlichen Vorstellung waren alle Juden Opfer und sahen aus wie Holocaust-Überlebende. Wie diese kleinen, alten, zerbrechlichen Männer und Frauen, die manchmal zu uns in die Schule kamen und in der Aula mit traurigen Augen über die schier unvorstellbaren Grausamkeiten erzählten, die ihnen während des Dritten Reiches angetan worden waren. Auch sie warnten uns, die Shoah niemals zu vergessen, um zu verhindern, dass die Geschichte sich wiederholen würde.

Erst als Teenager begriff ich, dass viele der internationalen Kollegen meines Vaters, die oft zu uns nach Hause zum Abendessen kamen, ebenfalls Juden waren. Die israelischen oder jüdisch-amerikanischen Wissenschaftler brachten uns Kindern Geschenke mit, erzählten lustige Anekdoten und hatten rein gar nichts mit den »Opfer-Juden« aus dem Schulunterricht zu tun. Sie waren quietschlebendig und erwarteten nicht, dass wir schuldbewusst den Holocaust abhandelten, sondern unterhielten sich viel lieber mit meinen Eltern über Meerestiere und Stoffwechselphysiologie. Was für eine Erleichterung ich damals empfand, dass diese Juden wie meine Eltern waren und nicht wie die Überlebenden aus den alten Dokumentarfilmen, das werde ich nie vergessen.

14. »Ich bin eine Berlinerin«

Zu seinem 45. Geburtstag habe ich Eran einen selbst gebackenen Schokoladenkuchen, gelbe Rosen und einen
Gutschein geschenkt.

»Lieber Eran, ich wünsche dir weiterhin ein erfülltes
Leben in Deutschland, und weil du inzwischen schon ein
halber Berliner bist, werde ich mich hiermit und ab sofort darum kümmern, dass du auch noch die deutsche
Staatsbürgerschaft zu deinem Glück dazu erhältst«, hatte
ich auf die Karte geschrieben, die Miri passend dazu mit
deutschen und israelischen Fähnchen bemalt hatte.

Der deutschsprachige Papierkram zur Einbürgerung
würde sowieso an mir hängen bleiben, hatte ich gedacht,
dann konnte ich meine Mühen auch gleich in Form eines
Geschenkes darbieten. Außerdem ging es sowohl Eran
als auch mir auf die Nerven, dass wir bei der Urlaubs-
wahl massiv eingeschränkt waren, denn mit seinem israelischen Pass durfte er in viele Länder der Erde nicht
einreisen, da sie den Staat Israel auch Jahrzehnte nach
der Gründung noch immer nicht anerkannten. Es war
an der Zeit, dass er einen Reisepass kriegen würde, mit
dem man tatsächlich auch reisen konnte.

Naiv, wie ich war, dachte ich, wir würden ein paar
Fragebogen ausfüllen müssen, unsere Geburtsurkun-
den und die Heiratsurkunde aus New York vorlegen und

dann einige Wochen später den deutschen Pass ausgehändigt bekommen. Ich hätte es besser wissen müssen.

Zunächst mussten wir einen Termin zur »Vorberatung« beim Einbürgerungsamt in Berlin-Mitte abmachen. Schon auf diese Einladung mussten wir Wochen warten. Stundenlang saßen wir dann im Einbürgerungsamt zwischen ebenfalls wartenden Türken und Arabern, bis uns eine Angestellte in ihr Zimmer rief. Sie studierte eine halbe Stunde lang unsere Dokumente, um dann festzustellen, dass Eran tatsächlich lange genug in Deutschland gelebt und lange genug mit mir, der deutschen Staatsbürgerin, verheiratet war, um die Grundvoraussetzungen zum Erwerb der Staatsbürgerschaft zu erfüllen. Das hatten wir bereits vorher durch eine dreiminütige Internetrecherche herausgefunden, aber »Ordnung muss sein«, und es machte keinen Sinn, die bürokratischen Wege des Einbürgerungsamtes schon bei der Vorberatung infrage zu stellen. Die Stadtangestellte gab uns einen Stapel Formulare und erklärte, dass der Prozess beginnen würde, sobald wir den Antrag eingeschickt und den ersten Teil der 255 Euro Bearbeitungsgebühren überwiesen hätten.

Da ich Eran mit meiner deutschen Effizienz beeindrucken wollte, ging ich noch am gleichen Tag zur Bank, überwies das Geld, legte die Quittung zusammen mit dem ausgefüllten Antrag in einen frankierten Umschlag, steckte alles in den Briefkasten und freute mich, dass Eran nun bald seinen deutschen Pass kriegen würde.

Drei Wochen später kam die erste Antwort vom Einbürgerungsamt. Bevor sie Erans Antrag weiterbearbeiten könnten, müsse er die folgenden Unterlagen vorlegen: Geburtsurkunde und Heiratsurkunde in amtlich beglaubigter und übersetzter Form, Nachweise über seine deutschen Sprachkenntnisse in Form des Integrationskurs-Zertifikats, das Ergebnis des Einbürgerungstests, den er noch gar nicht abgelegt hatte, sowie einen Einkommensnachweis und Einkommenssteuerbescheide.

Da er aber den deutschen Pass in erster Linie bekommen würde, weil er mit mir, der deutschen Staatsbürgerin, verheiratet war, brach der eigentliche Dokumentenwust über mich hinein. Ein Rentenversicherungsverlauf musste her, Nachweise über Kranken-, Pflege-, Renten- und Berufsunfähigkeitsversicherungen, Gehaltsabrechnungen, mein Arbeitsvertrag, eine aktuelle Bestätigung meines Arbeitgebers, und außerdem sollte ich endlos lange Fragebogen ausfüllen, um mein eigenes Deutschtum sowie die Deutschheit meiner Vorfahren drei Generationen zurückgehend nachzuweisen. Auch die Wehrmachtsangehörigkeitszeiten aller männlichen Vorfahren väterlicherseits mussten angegeben werden. Warum diese einen Einfluss darauf haben sollten, ob Eran deutsch werden konnte oder nicht, war mir rätselhaft und wurde im Fragebogen auch nicht erklärt. Ich rief meinen Vater an, um die exakten Militärdienstzeiten seines Vaters und Großvaters zu erfragen. Er wunderte sich nicht schlecht.

»Du weißt doch, dass der Familienstammbaum meines Vaters seit dem Krieg verschwunden ist«, sagte er. »Unterlagen über den Wehrdienst meines Großvaters habe ich erst recht nicht.«

Zusammen versuchten wir mehr schlecht als recht die Lebensläufe seiner Vorfahren zusammenzustückeln. Interessanterweise wurden im Fragebogen kaum Daten zur Familienabstammung meiner Mutter erfragt, die patriarchalische Linie scheint in Deutschland schwerer zu wiegen, wenn es um die Weitergabe des Deutschseins geht.

Nachdem ich einen dicken Umschlag ans Amt geschickt hatte, hörten wir eine Zeit lang nichts, dann kam ein Schreiben darüber, dass Eran noch eine Nettoverdienstbescheinigung des Steuerberaters für die letzten drei Monate einsenden sowie ein Bekenntnis zur freiheitlichen demokratischen Grundordnung unterschreiben müsse. Ich legte das Anschreiben zu den vielen anderen unbeantworteten Briefen, die sich auf meiner roten Kommode stapelten, schrieb mir eine Erinnerung auf die lange To-do-Liste in meinem Handy und vergaß alles. So viel zum Thema Effizienz.

Ein Jahr später teilte uns das Bezirksamt Mitte mit, dass es beabsichtige, Erans Einbürgerungsantrag »kostenpflichtig abzulehnen«. Wir seien mehrfachen Aufforderungen, ihnen die für die Prüfung des Einbürgerungsantrages notwendigen Unterlagen zuzuschicken, nicht nachgekommen. Panisch wendeten wir uns wieder einmal an Benjamin, unseren Freund, Anwalt und Retter in der Not. Er besänftigte den erzürnten Sachbearbeiter telefonisch und faxte ihm eine Vollmacht, dass er ab jetzt Eran in der Angelegenheit anwaltlich vertreten werde. Dann machte er mir Dampf, alle noch fehlenden Unterlagen zusammenzutragen. Und tatsächlich, ein paar Monate später bekam Eran einen Brief, dass die Erfordernisse für die Verleihung der deutschen Staatsbürgerschaft erfüllt seien. Einzig eine Urkunde der israelischen Botschaft über die Aufgabe seiner bisherigen Staatsbürgerschaft müsse er innerhalb der nächsten drei Monate noch erbringen, dann würde er Deutscher werden können.

Mit der israelischen Botschaft in Berlin stand Eran

227

auf Kriegsfuß. Als er kurz nach Miris Geburt dort seinen eigenen Pass verlängern ließ, fragten sie ihn, ob er ein Kind habe. Als er bejahte, wollten sie Miri persönlich samt ihrer Geburtsurkunde sehen, um sie bei sich als israelische Staatsbürgerin einzutragen.

»Spätestens dreißig Tage nach der Geburt hätten Sie Ihr Kind bei uns registrieren lassen müssen«, sagte der Beamte vorwurfsvoll. »Mit einem israelischen Elternteil ist das Kind automatisch israelischer Staatsbürger.«

»Ich lass meine Tochter nur registrieren, wenn Sie mir garantieren, dass sie niemals in der Armee dienen muss«, erwiderte Eran.

»Betach«, was so viel heißt wie »natürlich«, sagte der Konsulatsangestellte locker. »Israelische Kinder, die im Ausland aufwachsen, müssen keinen Militärdienst leisten, höchstens auf freiwilliger Basis«, erklärte er und wollte einen Termin für Miri abmachen, an dem sie registriert werden und ihre israelischen Staatsangehörigkeitsdokumente bekommen sollte.

»Moment«, stoppte Eran ihn. »Könnten Sie mir bitte vorher schriftlich geben, dass meine Tochter niemals zur Armee eingezogen wird, auch nicht, wenn sie zufällig mit achtzehn Jahren gerade mal in Israel sein sollte, um ihre Großmutter zu besuchen.«

Immer wieder gab es in den Medien Berichte, wonach gerade volljährig gewordene Kinder, deren Eltern Israelis waren, die aber selbst nie im Land gelebt hatten, bei der Einreise nach Israel in die Armee eingezogen wurden. Es gab sogar den Fall eines zwanzigjährigen israelischen Mädchens, das in Kanada aufgewachsen war und, während sie Verwandte in Israel besuchte, als vermeintliche Deserteurin festgenommen worden war.

»Verlassen Sie sich auf unser Wort«, sagte der Konsularbeamte.

»Nein«, hielt Eran dagegen. »Ich möchte diese Zusage bitte schwarz auf weiß haben.«

Der Konsulatsangestellte guckte ihn empört an. Es ging nicht mehr nur um Miris Registrierung, sondern er fühlte sich in seiner Ehre und Glaubwürdigkeit angegriffen. Er stürmte zur Hintertür hinaus, besprach sich mit seinen Kollegen, kam zurück ins Büro und knallte Eran seinen verlängerten Pass vor die Nase.

»Leider konnten wir Ihnen diesmal nur eine einjährige Verlängerung geben«, sagte er. »Wenn Sie nächstes Jahr wiederkommen und Ihre Tochter mitbringen, dann kriegen Sie vielleicht eine dreijährige Passverlängerung.«

Aber Eran war mindestens genauso stur wie der Botschaftsangestellte. Jedes Jahr, wenn er nun seinen israelischen Pass um nur zwölf weitere Monate verlängert bekam, weigerte er sich trotz der Wutanfälle des Botschaftspersonals, Miri und später dann auch Ari als Israelis in der Botschaft registrieren zu lassen. Dabei hatte er meine vollste Unterstützung, denn auch mir wurde angst und bange bei dem Gedanken, dass unsere beiden Kinder irgendwann zur israelischen Armee eingezogen werden könnten. Jungen müssen dort nach der Schule drei Jahre Wehrdienst leisten, Mädchen zwei. Und immer wieder gibt es Kriege, bei denen natürlich auch Wehrdienstleistende sterben. Auf gar keinen Fall wollte ich, dass Ari und Miri in irgendeinem Krieg dienen und eventuell ihr Leben lassen müssten, weder in Deutschland noch in Israel noch sonst wo.

Als Eran nun mit seinem neuen Anliegen in der Botschaft auftauchte und darum bat, ihm eine Urkunde über seine Entlassung aus der israelischen Staatsbürgerschaft auszustellen, triumphierten die Konsulatsangestellten. Jetzt hing er an ihrem Haken.

»Für eine solche Urkunde musst du zunächst deine Kinder als israelische Staatsbürger registrieren lassen«, erklärte ihm einer der Angestellten süffisant. »Dann werden wir eure drei Pässe nach Israel ans Innenministerium schicken, und dort wird darüber entschieden, ob ihr aus der israelischen Staatsbürgerschaft entlassen werden könnt.« Und mit einem kalten Lächeln fügte er hinzu: »Oder eben auch nicht.«

Als Eran mit der schlechten Nachricht von der israelischen Botschaft zurückkam, hatte ich die Nase gestrichen voll. Es reichte mir. Ich hatte einfach keine Lust mehr auf Beamtenwillkür, egal von welchem Land oder Amt sie ausging. Ich setzte mich an den Computer und schrieb einen Wutbrief. Mein Zorn richtete sich diesmal nicht gegen das deutsche Bürokratentum, sondern gegen die israelische Willkür. Trotzdem ging der Brief ans deutsche Einbürgerungsamt.

»Ich werde niemals zulassen, dass unsere Kinder bei der israelischen Botschaft in Berlin registriert werden und israelische Pässe erhalten, nur um dann in letzter Instanz gemeinsam mit meinem Mann eventuell doch nicht aus der israelischen Staatsbürgerschaft entlassen zu werden.«

Ich haute wutentbrannt meine Zeilen in die Tastatur.

»Diese Forderung ist für mich unzumutbar. Wie kann der Staat Israel einerseits verlangen, dass meine Kinder als Staatsbürger jahrelang Dienst an der Waffe leisten müssen, möglicherweise in irgendeinem Krieg für Israel ihr Leben geben werden, aber andererseits dieselben Kinder diskriminieren, weil sie im religiösen Sinne keine Juden sind, und ihnen noch nicht einmal das elementare Recht zugestehen, in Israel heiraten zu dürfen?«, wütete ich weiter. »Meine Kinder sind dem israelischen Staat gut genug als Kanonenfutter, aber nicht gut genug, um dort einen anderen Juden heiraten zu dürfen – was für ein Unrecht. Ich weigere mich, unsere Kinder bei der israelischen Botschaft registrieren zu lassen«, schrieb ich. »Bitte machen Sie daher im Falle meines Mannes eine Ausnahme und gewähren Sie ihm die deutsche Staatsbürgerschaft, ohne dass er dafür eine Entlassungsurkunde aus seiner israelischen Staatsbürgerschaft vorlegen muss, da er diese aus oben genannten Gründen von der israelischen Seite nicht bekommen wird.«

Immer noch aufgebracht, faxte ich meinen Brief ans Einbürgerungsamt. Und wartete. Es verstrich wieder eine halbe Ewigkeit, bis wir eine Antwort bekamen. Der Antrag auf die »Hinnahme von Mehrstaatigkeit«, wie meine wütende Forderung offiziell genannt wurde, war an die Senatsverwaltung für Inneres weitergeleitet worden und würde dort entschieden werden.

Die Mühlen der Bürokratie mahlten langsam weiter, bis eines schönen Tages Benjamin, unser Anwaltsfreund, anrief.

»Es ist genehmigt worden«, teilte er uns mit, sogar übers Telefon konnten wir hören, dass er vor Freude strahlte. »Nächste Woche wird dir deine Einbürgerungsurkunde überreicht, Eran, dann bist du Deutscher!«

An einem lauen Berliner Sommerabend gaben wir unseren Kindern einen Gutenachtkuss, ermahnten die Babysitterin, sich nicht von den beiden um den Finger wickeln zu lassen, keine Süßigkeiten zu verteilen, den Fernseher auszulassen, ihr Handy wegzutun und Miri und Ari spätestens um neun Uhr ins Bett zu schicken. Licht aus allerspätestens um halb zehn.

Dann radelten wir durch die Stadt. Wir fuhren vom Alexanderplatz aus über Berlins Prachtboulevard Unter den Linden, atmeten den Duft der blühenden Straßenbäume in der Dämmerung ein, überquerten die Spree, quetschten uns an den Reisebussen vorbei, die vor der Museumsinsel standen, fuhren weiter, vorbei an der Humboldt-Universität, der Staatsbibliothek und der Komischen Oper bis hinunter zum Pariser Platz und durchs Brandenburger Tor in den Tiergarten. Nach einer großen Runde durch den Park hielten wir mit unseren Fahrrädern am Denkmal für die ermordeten Juden Europas unweit des Brandenburger Tors.

Es war inzwischen dunkel geworden, und das riesige Feld mit den Tausenden von grauen Stelen war nur noch schemenhaft zu erkennen. Wir setzten uns an den Rand auf einen rechteckigen Betonquader, der so hoch wie eine Parkbank war. Ein paar Jugendliche sprangen von Stele zu Stele und spornten sich mit Gebrüll gegenseitig an, noch weiter und schneller zu springen. Irgendwann rief einer der jungen Männer: »Ey, ich piss jetzt von hier oben runter«, als er auf einem ungefähr drei Meter hohen Betonquader stand. Zwei Studenten, die das Treiben der Jugendlichen ebenfalls von Rand des Denkmals aus beobachtet hatten, mischten sich ein.

»Wie könnt Ihr es wagen, dieses Denkmal so zu schänden«, rief einer der Studenten zu den Jungs auf den Stelen hinüber, sichtlich erregt. »Wisst Ihr denn nicht, dass das hier ein Mahnmal für die ermordeten Juden ist?«

Die Jugendlichen auf den Stelen hüpften ein paar Quader weiter nach rechts, weg von den Studenten. Dabei feixten sie und wechselten dann vom Deutschen ins Türkische. Es hörte sich an, als würden sich die Jugendlichen über die beiden empörten Studenten lustig machen. Schließlich rief einer der Jungen auf Deutsch zu den Studenten hinüber: »Was wollt ihr eigentlich von uns, es waren doch eure Opas, die die Juden umgebracht haben, nicht unsere!«

Ich guckte Eran an. Fühlte er sich jetzt deutsch, seit er den neuen Personalausweis im Portemonnaie mit sich herumtrug und seinen blauen, israelischen Reisepass zu Hause in der Kommodenschublade lassen konnte, zusammen mit den nun insgesamt vier roten, deutschen Pässen? Ich schaute hinüber zu den deutsch-türkischen Jungs, die noch immer mit den beiden aufgebrachten Studenten diskutierten.

Konnte man überhaupt deutsch sein, ohne Verantwortung für den Holocaust übernehmen zu wollen oder wenigstens ein Bewusstsein für die deutsche Vergangenheit zu haben? Aber hatten die Jugendlichen nicht auch irgendwie recht, schließlich waren ihre Großeltern erst nach dem Krieg aus Anatolien nach Deutschland eingewandert und hatten gar nichts mit dem Holocaust zu tun. Und was war mit Miri und Ari, deren Vorfahren sowohl Täter als auch Opfer der Judenverfolgung waren?

Eran überlegte. Er war froh, dass er jetzt Deutscher war. Es machte sein Leben leichter. Er lebte gerne hier, seit mehr als zehn Jahren nun schon, er schätzte das Land, die demokratische Tradition und Sicherheit der vergangenen Jahrzehnte. Er war dankbar, dass seine Kinder hier in Frieden aufwachsen konnten und eine gute Schulausbildung bekamen. Gleichzeitig machte er sich Sorgen über den wachsenden Antisemitismus in Deutschland. In Israel hielt er es wegen des Konfliktes nie länger als ein paar Wochen aus, trotzdem bläute er den Kindern immer wieder ein, dass sie nur in Israel Schutz vor Antisemitismus finden würden. War das nicht auch etwas widersprüchlich? Aber waren wir Nachkriegsdeutschen, die wir so viel privilegierter aufgewachsen waren als Israelis und Einwanderer, denn frei von inneren Widersprüchen?

»Eigentlich fühle ich mich nirgendwo richtig zu Hause«, antwortete Eran. Wir saßen noch immer am Rand des Holocaust-Mahnmals. Die Studenten und auch die Jugendlichen hatten sich verzogen. Es war weit nach Mitternacht, eine Totenstille breitete sich um uns herum aus, es fuhren kaum noch Autos, sogar die Vögel im Tiergarten gegenüber zwitscherten nicht mehr. Das Denkmal lag da wie ein riesiger Friedhof. Nur ab und zu kam ein Wächter vorbei, leuchtete uns kurz mit seiner Taschenlampe an und verschwand dann auf den schmalen Wegen, die zwischen den Stelen in die Tiefe führten und von der Finsternis des Feldes verschluckt wurden.

»Ich habe keine Heimatgefühle, wenn ich in Tegel den Flughafen verlasse, aber auch nicht, wenn ich in Tel Aviv ankomme.«

Eran verstummte, so als würde er in sich selber hineinhorchen, hören, was da für Antworten aus seinem tiefsten Inneren kämen.

»Meine Eltern sind im Iran geboren, ich in Israel, meine Kinder in Deutschland, wer weiß, wo meine Enkelkinder auf die Welt kommen werden«, sagte er. »Als Kind wurde mir beigebracht, dass die Zeit der Verfolgung in der Diaspora nach Tausenden von Jahren mit der Gründung des Staates Israel vorbei sei«, fuhr er fort. »Aber Frieden gefunden haben wir trotzdem nicht in Israel. Und schau mich an, ich bin freiwillig wieder ins Exil gezogen, und meine Kinder sprechen eine Sprache miteinander, die mir nie so vertraut sein wird wie meine eigene Muttersprache. In Deutschland bin ich vom Israeli zum Juden geworden.«

Die Auseinandersetzung mit der Geschichte hier vor Ort in Berlin, hier, wo die Endlösung in Gang gesetzt wurde, hat Eran zum Diaspora-Juden werden lassen. Schon morgens, wenn er die Kinder in die Schule und Kita bringt, ist die Vergangenheit unwiderruflich da. Ari bleibt vor jedem Stolperstein stehen, den kleinen Messingquadraten, die vor den Häusern in den Bürgersteig eingelassen sind. Sie glänzen in der Sonne und erinnern an die Menschen, die hier einst gelebt haben, bevor sie deportiert, vergast oder erschossen wurden.

Eran muss Ari dann vorlesen, was auf den Stolpersteinen steht, und manchmal dauert der Weg von unserer Wohnung zum Kindergarten ganz schön lange, denn früher lebten viele Juden in unserer Nachbarschaft, und jetzt es gibt hier viele Stolpersteine.

Nur ein paar hundert Meter von unserem Haus entfernt, ganz in der Nähe vom Zahav, wurde vor ein paar Jahren auch ein Stolperstein ins Kopfsteinpflaster eingelassen, unter einer Platane, vor einem der schönen, renovierten Altbauten.

»Hier wohnte Ruth Grünberg, Jahrgang 1909, deportiert 1944, ermordet in Auschwitz«, steht dort geschrieben.

Ari hat jedes Mal große, nachdenkliche Augen, wenn er Eran bittet, ihm die Inschrift vorzulesen. Wenn ich ihn nachmittags von der Kita abhole, dann bleibt er vor dem gleichen Stolperstein wieder stehen. Ich soll ihm noch mal alles vorlesen, dabei kennt er die Inschrift längst auswendig.

»Warum haben die Nazis das mit den Juden gemacht, und warum haben die Deutschen den Juden nicht geholfen?«, fragt er mich dann. In seiner Vorstellung haben die Nazis nichts mit den Deutschen zu tun, es sind zwei verschiedene Arten von Menschen, die damals in Deutschland gelebt haben. Ich denke an meine eigene Kindheit und die Fragen an meine Großmutter. Und dass sie mir keine Antworten gegeben hat. Und dass auch ich selber immer noch keine Antworten gefunden habe, bis jetzt. Ich weiß einfach nicht, was ich Ari antworten soll. Wie soll ich denn meinen Kindern den Holocaust erklären, wenn ich das selbst alles nicht verstehen kann.

Manchmal kommt mir Miri zu Hilfe. Unsere kleine Tochter, die so klug und reif ist für ihr zartes Alter. Ari bewundert seine große Schwester sehr. Sie kann alles, was er noch nicht kann, und im Gegensatz zu ihren Eltern hat sie auch immer Antworten parat auf seine Fragen. Sie beruhigt Ari – und vielleicht auch mich, Eran und sich selbst.

»Ari, das war alles ganz furchtbar schlimm, was hier früher passiert ist«, sagt sie ihm. »Aber das ist für immer vorbei. Die Deutschen beschützen jetzt die Juden, damit so etwas nie wieder passiert.«

Ein paar Tage später laufen wir wieder an Ruth Grünbergs Stolperstein vorbei. Er könnte mal wieder poliert werden, denke ich im Vorübergehen, die Messingoberfläche des Steins ist ganz dunkel und stumpf. Miri und ich sind auf dem Weg zur Straßenbahn. Wir steigen in die Tram ein und fahren als Erstes am Zahav vorbei. Der Laden ist voll, wir sehen Eran, wie er seinen Stammgästen den Hummus nach draußen an die Tische unter den Kastanienbäumen bringt, ein paar Scherze macht, lacht und beschwingt die paar Treppenstufen wieder hinauf in sein Restaurant geht.

Die Straßenbahn ruckelt den Hügel hinunter, vorbei an den Hackeschen Höfen und biegt rechts auf die Oranienburger Straße ein. Miri ist versunken in ihr Buch, sie geht nie ohne etwas zu lesen aus dem Haus. Doch plötzlich guckt sie aus dem Fenster, ihr Gesicht leuchtet auf, und ganz erfreut ruft sie: »Mama, guck mal, die Synagoge, da haben wir doch damals mit Aba den Hummus verkauft!«

Ein paar Leute schauen sich nach uns um. Es passiert nicht oft, dass man neben leibhaftigen Synagogenbesuchern sitzt. Jüdischsein ist bis heute nicht normal in Berlin.

Ich gucke hinüber zur Synagoge, einem echten Berliner Wahrzeichen, auch wenn sie heute in erster Linie als Gemeindezentrum und Gedenkstätte genutzt wird und weniger für religiöse Feierlichkeiten. Die goldverzierte Kuppel strahlt in der Sonne, der Davidstern oben auf der Spitze funkelt im Licht. Über den Bürgersteig kommt eine Touristengruppe und läuft zum Eingangstor hinüber, während zwei Polizisten und israelisches Wachpersonal vor dem Gebäude aufpassen, dass nichts passiert.

Ich schaue hinüber zu Miri. Schnell, bevor sie wieder in ihrem Buch versinkt, stelle ich ihr eine Frage.

»Mein Schatz, fühlst du dich eigentlich jüdisch?«, frage ich sie neugierig. »Oder christlich oder israelisch oder deutsch oder alles zusammen oder gar nichts davon?«

Miri schaut mich aus ihren großen, klaren Augen an. Fast ein bisschen verwundert, aber auch nachsichtig, weil ihre Mutter schon wieder keine Antworten findet und sie mir deshalb einmal mehr die Welt erklären muss.

»Mama, ich bin einfach nur Miri«, sagt sie. »Und ich bin natürlich eine Berlinerin.«

Sie lächelt mich an und vertieft sich wieder in ihr Buch.

Die Community für alle, die Bücher lieben

Das Gefühl, wenn man ein Buch in einer einzigen Nacht verschlingt – teile es mit der Community

In der Lesejury kannst du

★ Bücher lesen und rezensieren, die noch nicht erschienen sind

★ Gemeinsam mit anderen buchbegeisterten Menschen in Leserunden diskutieren

★ Autoren persönlich kennenlernen

★ An exklusiven Gewinnspielen und Aktionen teilnehmen

★ Bonuspunkte sammeln und diese gegen tolle Prämien eintauschen

Jetzt kostenlos registrieren: www.lesejury.de
Folge uns auf Facebook:
www.facebook.com/lesejury